La participation politique des élus d'origine maghrébine

ÉLECTIONS RÉGIONALES BRUXELLOISES ET STRATÉGIES ÉLECTORALES

À Mona,
Le début d'une longue aventure à deux inchallah...

[illegible]

DERNIERS VOLUMES PARUS DANS LA COLLECTION

CAHIERS MIGRATIONS

40 **Isabelle Cocimano**, *Hennuyers siciliens. Troisième génération : identités et projets.*

39 **Nathalie Perrin**, *Les doyens de l'immigration. Le troisième âge immigré en Belgique.*

38 **Damien Vanneste**, *Night-shops. Pratiques et insertions économiques au cœur du commerce ethnique.*

37 **Dirk Jacobs, Hassan Bousetta, Andrea Rea, Marco Martiniello et Marc Swyngedouw**, *Qui sont les candidats aux élections bruxelloises ? Le profil des candidats à l'élection au Parlement de la Région de Bruxelles-Capitale du 13 juin 2004.*

36 **Nadia Ben Mohamed**, *Femmes d'origine étrangère dans l'espace public. Dirigeantes d'associations et élues politiques à Bruxelles.*

35 **Jean-Michel Lafleur**, *Le transnationalisme politique. Pouvoir des communautés immigrées dans leurs pays d'accueil et pays d'origine.*

34 **Laurent Marquis et Cécile Remy**, *Se réfugier en Belgique. Étude réalisée à l'intérieur des centres d'accueil pour demandeurs d'asile.*

CAHIERS
MIGRATIONS
41

La participation politique des élus d'origine maghrébine

ÉLECTIONS RÉGIONALES BRUXELLOISES ET STRATÉGIES ÉLECTORALES

Fatima Zibouh

ACADEMIA
A B
BRUYLANT

La collection « Cahiers Migrations » constitue la suite de la collection « Sybidi Papers ». Elle est codirigée par Felice DASSETTO (Université catholique de Louvain), Marco MARTINIELLO (Université de Liège) et Andrea REA (Université libre de Bruxelles).

Maquette de couverture : Artifice@skynet.be

Grand'Place 29
B-1348 Louvain-la-Neuve

D/2010/4910/3
ISBN : 978-2-87209-969-6
ISSN : 0776-0841

Imprimé en Belgique

www.academia-bruylant.be

TABLE DES MATIÈRES

INTRODUCTION

LES ÉLUS D'ORIGINE MAGHRÉBINE ET LES ÉLECTIONS RÉGIONALES BRUXELLOISES DE JUIN 2004

Les candidats et élus d'origine étrangère sont souvent questionnés à partir de leur positionnement sur leur origine. L'ethnicité cristallise les débats et forme un véritable enjeu à la veille des élections. Ainsi, le discours n'est pas souvent clair quand il s'agit d'interroger les élus d'origine étrangère. On les entend souvent répondre aux journalistes ou aux chercheurs : « Nous sommes les élus de tous les Belges. » Pourtant, en période électorale, ils s'adressent fréquemment à leur communauté en disant : « Nous allons défendre vos intérêts. » À ce propos, M. Martiniello n'hésite pas à parler de « schizophrénie politique » (1998a, p. 145).

Ce paradoxe met en évidence le malaise et la difficulté d'un certain nombre d'élus à se libérer du prisme ethnique dans les arènes institutionnelles, tout en mobilisant la carte identitaire lors des campagnes électorales. Pour traiter cette apparente contradiction, l'objet examiné dans cette recherche porte sur les stratégies mobilisées par les élus belges d'origine maghrébine, durant la campagne électorale, pour obtenir des voix aux élections régionales bruxelloises de juin 2004. L'hypothèse de travail consiste à supposer que les élus d'origine maghrébine s'appuieraient sur des réseaux ethniques pour mobiliser des voix. Par conséquent, cette idée conduit à nous demander si les candidats d'origine maghrébine utilisent des stratégies particulières à partir de leur identité ethnique. L'hypothèse de l'action collective basée sur l'ethnicité pourrait être considérée comme une évidence, mais elle n'a jamais été scientifiquement prouvée. Comme pour le vote ethnique, il faut pouvoir dépasser le sens commun afin de pouvoir dégager les différentes logiques qui sous-tendent la campagne électorale des élus belges d'origine maghrébine.

1. La percée des élus d'origine maghrébine bruxellois en 2004

« La diversité culturelle cartonne à Bruxelles » (1), « le PS marque des points multiculturels » (2), « Les "nouveaux" Belges en masse au PS » (3), etc. Tous les quotidiens, sans exception, ont fait mention dans leurs pages de plusieurs gros titres soulignant le succès de l'élection des Belges d'origine étrangère. De manière générale, on dénombre 14 élus d'origine maghrébine siégeant au Parlement bruxellois dont 11 PS, 1 MR, 1 CDH et 1 Spa-Spirit. Une recherche plus approfondie a été menée à ce sujet (J. Jacobs, H. Bousetta, A. Rea, M. Martiniello et M. Swyngedouw, 2006), nous n'allons donc pas nous étendre sur la question. Cela étant, certains commentateurs ne vont pas hésiter à lier la victoire du Parti Socialiste à la présence de candidats d'origine étrangère sur les listes. David Coppi, journaliste au journal *Le Soir,* livre une réflexion intéressante sur la stratégie réussie du PS qui aurait pris « Une avance "déterminante" car il tombe sous le sens des données démographiques et sociologiques que l'avenir (politique, culturel, économique) de la Région-Capitale est largement entre les mains des jeunes Belges de la deuxième ou troisième génération issus de l'immigration extra-européenne. Or, le PS a pris la vague. L'affaire est sérieuse pour les concurrents, plus encore pour les adversaires. La dynamique d'intégration de ces

---

1 M. VANDEMEULEBROUCKE, « La diversité culturelle cartonne en Belgique », *Le Soir,* 15 juin 2004, p. 4.

2 A. HOVINE, « Le PS marque des points multiculturels », *La Libre Belgique,* 16 juin 2004, p. 7.

3 M. BEAUDELOT, « Les "nouveaux" Belges en masse au PS », *La Capitale,* 15 juin 2004, p. 11.

"nouveaux" Belges aux cadres du parti, dont témoigne leur entrée au parlement, et probablement dans le gouvernement régional, donne au PS une avance de type "structurel", qui peut générer un effet d'entraînement. Le grand vis-à-vis géopolitique, le MR, peut être inquiet, légitimement. Au lendemain du ratage, ses stratèges sont conscients d'avoir manqué le train démographique et de devoir mettre les bouchées doubles s'ils ne veulent pas rester à quai (…) » (4).

2. Quelques remarques méthodologiques

Notre objet de recherche concerne la catégorie des élus belges qui sont d'origine maghrébine (5). En terme géographique, la recherche se limitera à la Région de Bruxelles-Capitale et portera principalement sur les communes de la première couronne (6) où les élus se sont principalement mobilisés. C'est d'ailleurs dans cette zone que se concentrent plus particulièrement les habitants de la communauté maghrébine. D'un point de vue temporel, la recherche abordera la participation politique et la campagne électorale organisée à partir du mois d'avril 2004, trois mois avant les élections – démarrage officiel de la campagne –, jusqu'au 13 juin 2004.

Mais qu'entendons-nous par participation politique ? Elle comprend principalement dans cette recherche la participation électorale. M. Martiniello (1998a) distingue la participation politique étatique (participation électorale et participation par la représentation dans les assemblées élues) et non étatique (notamment le militantisme partisan, syndical, associatif). Pour explorer notre sujet, nous n'établissons pas cette distinction dans la mesure où nous allons aborder ces deux formes de participation politique. Par le biais des différents réseaux utilisés lors de la campagne électorale et les stratégies de mobilisation politique, les deux sortes de participation

---

4 D. COPPI, « Carnet de crise. La nouvelle vague belge », *Le Soir*, 3-4 juillet 2004, p. 3.

5 Algérie, Maroc, Tunisie. Concrètement, les élus sont majoritairement marocains (treize Marocains et un Tunisien).

6 Anderlecht, Bruxelles-Ville, Etterbeek, Forest, Ixelles, Molenbeek-Saint-Jean, Saint-Gilles, Saint-Josse et Schaerbeek où vivent plus de 25 % d'étrangers ou d'origine étrangère.

politique seront nécessaires pour répondre à notre question de départ. Surtout que comme le constate M. Martiniello lui-même, depuis les vingt-cinq dernières années, les personnes issues de l'immigration « sont passés d'une participation politique exclusivement non étatique à une participation de plus en plus étatique » (1998a).

La participation politique des acteurs sociaux sera abordée dans la deuxième partie en termes de réseaux mobilisés dans la campagne électorale.

Une autre précision méthodologique s'impose. Elle concerne l'approche patronymique ou onomastique que nous avons adoptée. Le rappel des limites de cette approche est nécessaire pour toute investigation concernant des personnes d'origine étrangère. Le repérage des candidats sur les listes s'est effectué à partir de la consonance maghrébine des prénoms et des noms de famille. À cela, nous avons complété cette approche par une recherche biographique de quelques candidats mais cette précaution n'a été prise qu'à l'égard des élus.

Pour pouvoir établir dans quelle mesure les élus d'origine maghrébine utiliseraient les vecteurs ethniques pour asseoir leur légitimité électorale, cette recherche va mettre en relation deux types de variable :

- une variable dépendante (les instruments issus du marketing politique), c'est-à-dire que les élus vont avoir pour objectif de mobiliser des voix en utilisant les instruments de la campagne électorale. Cette variable est anticipée et explicative ;
- une variable indépendante (le capital social/réseau social), c'est-à-dire que les élus vont utiliser les réseaux ethniques pour atteindre leur objectif. Cette variable est constatée.

En nous basant sur la typologie présentée par M. Grawitz (2001, p. 445), l'hypothèse se classe dans la catégorie des hypothèses concernant des relations entre variables et plus précisément, la relation de causalité entre les phénomènes étudiés qui sont, d'une part le fait de mobiliser des voix et d'autre part, le fait de s'appuyer sur des réseaux ethniques. Précisons toutefois que la démarche est principalement descriptive : le profil de chacun des élus et les différentes actions menées lors de la campagne électorale sont examinés afin de dresser une sorte d'inventaire des moyens utilisés durant cette période pré-électorale. Ainsi, des éléments communs mais aussi spécifiques seront cernés afin de déterminer jusqu'à quel point certains facteurs auraient pu influencer l'élection de ces candidats.

Pour traiter de cette question, il faudra avant tout effectuer une rupture avec les idées préconçues sur les moyens mobilisés par les élus notamment par l'abstraction des rumeurs et ragots (sur des « réseaux » préexistants) circulant autour de la campagne électorale. Des références au système conceptuel développé par les théories de communication politique mais également par les théories inspirées de l'analyse structurale serviront de grille de lecture pour permettre cette rupture. L'examen de l'hypothèse a également été confronté à l'observation et aux données recueillies dans les différents travaux traitant de la question de la participation politique des élus d'origine étrangère. Pour compléter les données, des recherches approfondies ont été menées dans les articles rédigés sur la question dans les quatre principaux quotidiens francophones (7).

La construction de cette recherche s'inscrit dans une démarche hypothético-déductive. Nous allons, en effet, tenter de décrire, comprendre, expliquer.

Pour décrire, nous dresserons, dans la première partie, un panorama de la présence des élus dans les instances régionales. Aussi, nous énumérerons les candidats ainsi que les élus d'origine maghrébine dans les différentes listes de la Région bruxelloise. Nous tenterons également de clarifier, dans cette partie, le concept d'ethnicité en rapport avec la campagne électorale des élus d'origine maghrébine.

---

7 *Le Soir, La Libre Belgique, La Dernière Heure* et *La Capitale* entre le 1er mai 2004 et le 30 juillet 2004.

Ensuite, pour comprendre, nous nous attarderons sur la question des moyens mobilisés par les élus d'origine maghrébine en campagne électorale. Pour aborder ce chapitre, nous nous baserons sur les typologies proposées par les théories de communication politique. Nous verrons ainsi dans quelle mesure, les différents instruments proposés ont été utilisés par ces élus.

Finalement, pour expliquer, nous étudierons, dans la troisième partie, les différents réseaux mobilisés par les élus en nous basant sur les thèses et concepts tirés de la sociologie des réseaux sociaux. Dans cette dernière partie, nous tenterons de corroborer ou d'infirmer notre hypothèse qui consiste à examiner le rôle des réseaux ethniques dans la campagne électorale.

3. Les entretiens semi-directifs

Afin de vérifier l'hypothèse, des entretiens semi-directifs ont été menés avec tous les élus d'origine maghrébine siégeant à la Région bruxelloise. Des entretiens exploratoires ont été réalisés avec des acteurs associatifs ou des experts de la question qui ont permis de mettre en lumière d'autres aspects à prendre en considération.

Les entretiens sont des procédés utiles pour corroborer ou réfuter l'hypothèse donnée car ils permettent de confronter le discours politique aux actions concrètes menées sur le terrain. Toutefois, les entretiens peuvent donner l'illusion de la transparence s'ils servent à confirmer superficiellement des idées préconçues. Par ailleurs, il peut y avoir un décalage entre ce qui se dit dans les entretiens et ce qui se fait dans la réalité du terrain.

Pour mener les entretiens dans un climat de collaboration et de confiance, nous avons rappelé l'objectif de recherche et précisé que l'anonymat serait entièrement respecté. Toutefois, lors de l'analyse, il y a certaines réponses qui peuvent être considérées comme non valides, car elles reflètent « l'effet de prestige » (M. Alaluf, 2004). En effet, les élus ont pu donner des réponses « politiquement correctes », afin de paraître « conforme » au rôle politique qu'ils sont censés jouer.

3.1 *Les entretiens avec les élus*

Dans le cadre de cette recherche, un contact a été pris avec toutes les personnes d'origine maghrébine appelées à siéger au parlement bruxellois afin de pouvoir les interviewer. Tous les élus bruxellois d'origine maghrébine ont été interrogés, ce qui constitue un atout majeur pour le recueil des données et l'analyse. Ces entretiens semi-directifs ont été menés sur base d'un guide d'entretien composé de différentes questions élaborées à partir de la question de départ. La grille d'entretien comportait des questions traitant de leurs parcours associatifs, des moyens utilisés par les élus et des réseaux mobilisés. L'intérêt de ce genre d'enquête est dans ce que la personne dit en tant qu'élu et comment elle se représente dans la campagne électorale.

Les élus ont été dans un premier temps contactés par courriel, ensuite par téléphone. La majorité d'entre eux a accepté avec amabilité. Cela étant, un certain ras-le-bol du traitement de la question des élus d'origine étrangère pouvait être parfois perceptible. L'impression des élus d'être systématiquement stigmatisés et constamment renvoyés à leur communauté explique leur volonté de ne plus être questionnés à partir de leurs origines.

Les élus d'origine maghrébine à la Région bruxelloise étaient au nombre de quatorze dont treize originaires du Maroc et un de Tunisie. Parmi eux, huit n'avaient jamais été députés auparavant.

3.2 *Les entretiens avec les personnes-ressources*

Comme l'objet de la recherche consiste principalement à déterminer l'influence du réseau ethnique dans la campagne électorale, il était utile d'élaborer des entretiens semi-directifs avec des personnes dont le témoignage pouvait être complémentaire et donc être d'une grande utilité. Nous baser uniquement sur le discours des élus d'origine maghrébine aurait été une erreur. Aussi avons-nous fait appel à des personnes-ressources pour affiner notre recherche. L'identification de ces informateurs-clés s'est faite aussi sur la participation et la reconnaissance sociale jugées comme étant significatives (8). Ces personnes disposaient d'informations nécessaires et supplémentaires pour notre recherche. Les personnes contactées avaient une certaine expérience sur le terrain et donc une observation pertinente sur la participation politique des élus. Parmi ces personnes figurent aussi des chercheurs, des cadres associatifs et des amis d'élus.

---

8 Par souci méthodologique, nous nous sommes inspirés de l'enquête élaborée par M. LABELLE, M. THERRIEN et J. LEVY, « Le discours des leaders d'associations ethniques à Montréal », *Revue Européenne des Migrations Internationales,* n° 2 (10), 1994, pp. 119-139.

CHAPITRE I

LES ÉLUS BELGES D'ORIGINE MAGHRÉBINE ET LA MOBILISATION DE L'ETHNICITÉ

Qu'entendons-nous par le concept d'ethnicité en tant que facteur mobilisé durant la campagne électorale ? L'ethnicité, qui est au cœur de l'État belge où les conflits communautaires existent depuis sa création, a été déterminante dans la campagne électorale telle qu'elle a été menée par les élus d'origine maghrébine. Elle peut se manifester sous différentes formes, par le biais notamment d'activités associatives, commerciales, religieuses, culturelles et politiques. Ce chapitre sera consacré à la clarification du concept ainsi qu'aux questions qui le sous-tendent tels que le rapport à l'universalisme et au particularisme, la mobilisation ethnique avec la question du vote ethnique mais aussi le rapport au pays d'origine et à la religion.

1. Ethnicité : clarification du concept

La compréhension du concept d'ethnicité est incontournable pour tenter de déterminer l'influence des réseaux ethniques dans la campagne électorale menée par les élus d'origine maghrébine. L'ouvrage consacré à l'ethnicité dans les sciences sociales (M. Martiniello, 1995) synthétise les différentes définitions élaborées par un certain nombre d'auteurs.

Ce concept polysémique, relativement récent, aux contours vagues peut être défini comme l'appartenance à un groupe qui se distingue des autres par une origine commune et par des intérêts convergents. Il se construit à partir d'un contexte social où les personnes qui se côtoient, se définissent et définissent les autres en marquant des frontières culturelles. La définition qu'on donnera à l'identité de groupe sera fondamentale car ce n'est pas nécessairement une origine nationale commune. Une association marocaine laïque et une association marocaine musulmane pourraient avoir des intérêts complètement divergents. Il est donc difficile de réduire l'ethnicité à une origine nationale. Il faudrait donc tenir compte de plusieurs paramètres identificateurs.

M. Martiniello met en garde du traitement de l'ethnicité comme une « réalité donnée, naturelle et inévitable » (1995b, pp. 4-5). Il ne faut effectivement pas amplifier le rôle qu'elle pourrait jouer dans la vie sociale.

La notion d'ethnicité rencontre souvent des connotations négatives, ce qui a pour conséquence une certaine réticence à l'utiliser. Dans son ouvrage, V. Geisser (1997, p. 24) lance un plaidoyer pour l'utilisation de ce concept : « La notion d'ethnicité évoque la "société ghetto" que les Français se refusent à voir naître chez eux. (…) Faut-il renoncer pour autant à recourir à une telle notion, alors qu'elle apparaît comme un élément déterminant des stratégies actuelles de différenciation sociale ? » (9).

L'appréciation du concept d'ethnicité dépend du contexte dans lequel on l'utilise. En effet, la légitimité de son usage varie selon les pays. En fonction des traditions nationales, la notion revêt une signifi-

---

9 L'auteur distingue d'ailleurs trois formes d'ethnicité, p. 38 : « 1) l'ethnicité en soi, impliquant l'énumération de critères objectifs tels que les origines nationales ou régionales et la religion ; 2) l'ethnicité pour soi, qui renvoie au premier chef au sentiment d'appartenance à une communauté ou à un groupe particulier au sein de la société globale ; 3) l'ethnicité ressource qui donne lieu à des stratégies de réappropriation, de manipulation, voire de dissimulation, dans les différents champs sociaux » (V. GEISSER, 1997, p. 24).

cation différente. La différence est particulièrement illustrée en Belgique où : « En Communauté française domine un discours inspiré du "républicanisme français" (10) de l'intégration qui tend à nier les spécificités culturelles et l'origine des immigrés et de leurs descendants alors qu'en Flandre, à l'instar des Pays-Bas, la reconnaissance de la diversité culturelle est admise et l'existence de minorités ethniques affirmée » (Jacobs, Rea, 2005, p. 45).

L'intérêt principal de l'utilisation du concept est la possibilité de catégoriser des groupes, ce qui permet ainsi d'identifier leurs évolutions mais aussi les discriminations qu'ils peuvent subir.

Ceci étant dit, l'usage du concept comporte également certains risques notamment le danger d'essentialiser les communautés ethniques, à réduire ces individus à leur ethnicité ce qui pourrait « renforcer la racialisation des rapports sociaux » (D. Jacobs, A. Rea, 2005, p. 52).

Aussi, comme le souligne des auteurs canadiens, « dans la perspective tourainienne, l'ethnicité est une ressource utilisée aux fins de l'action communautaire, et peut contribuer à la production de mouvements sociaux pour autant que les acteurs soient porteurs de revendications universalistes » (M. Labelle, M. Therrien, J. Levy, 1994).

2. Les indices de l'ethnicité dans la campagne électorale

2.1 *Le rapport au pays d'origine*

Nous avons essayé d'étudier les discours et les relations avec les pays d'origine des élus d'origine maghrébine. Ceux-ci doivent être analysés en corrélation avec la manière dont ils mènent leur campagne. La manière dont les élus se situent par rapport au pays d'origine est un indice permettant de mesurer leur degré d'ethnicité. Des ques-

---

10 Ceci étant dit, « le modèle d'intégration à la française n'est pas incompatible avec la persistance d'identités communautaires vivaces et l'existence de réseaux liés à une origine commune et pouvant jouer un rôle de dynamisation des stratégies individuelles de promotion sociale » (J. BAROU, 1996, p. 63).

tions ont été élaborées dans la grille d'entretien pour mieux cerner les indicateurs illustrant le rapport au pays d'origine. Lors de nos entretiens, certains mettaient en évidence l'importance de s'intéresser à des questions politiques liées au pays de leurs racines. D'autres, au contraire, refusaient de s'ingérer d'une quelconque manière dans les affaires d'un État tiers. Aussi, d'un point de vue culturel, il est intéressant de relever les candidats qui ont organisé des soirées dans le cadre de leur campagne en reprenant les coutumes de leurs pays d'origine telles que l'organisation de soirées « couscous, thé à la menthe » dans des salles de fêtes marocaines.

Par ailleurs, on constate chez de nombreux élus, une implication plus forte dans leur pays d'origine, voire même en utilisant un langage scindant clairement le « Eux » (les Occidentaux) et le « Nous » (les Maghrébins). Près de la moitié des députés interrogés adoptaient cette dichotomie dans leur discours.

Aussi, l'ethnicisation des candidats est renforcée par l'interpellation des médias sur des questions touchant (in)directement leur communauté. Les journalistes n'hésitent pas à les interroger sur des questions touchant leur origine. Comme le soulève, V. Geisser (1997, p. 54), « La demande conjuguée des acteurs politiques et des médias les oblige à prendre position sur des questions d'actualité qui, d'un point de vue strictement personnel, ne les interpellent pas forcément. (…) D'aucuns rejettent catégoriquement ce jeu de pseudo-conciliation, choisissant d'adopter une attitude de retrait ou de neutralité temporaire. D'autres, au contraire, utilisent habilement cette forme de stigmatisation ethnique pour asseoir leur position d'expert et de médiateur auprès des journalistes et des pouvoirs publics. »

Le rapport qu'ont les élus avec les ambassades et/ou les consulats doit être également examiné. En effet, certains ont de très bons contacts avec des diplomates du pays d'origine. Les élus peuvent par ailleurs influencer les prises de position du parti en faveur de questions politiques qui touchent le pays d'origine. La question de l'indépendance du Sahara occidental est à ce niveau assez intéressante dans la mesure où près d'un élu sur trois nous en a parlé spontanément :

> « *La question qui me préoccupe par rapport au Maroc, c'est celle du Sahara et des prisonniers marocains de Tindouf* », Élue n° 11.

Il y a également eu des prises de position fortes dans l'« affaire d'Agadir » (11) où des élus d'origine marocaine avaient créé des collectifs de soutien. Sur ce sujet, on pouvait trouver de manière prononcée d'une part, la position d'élus pleinement investis sur cette question pour défendre les victimes de cette affaire (12) et d'autre part, des élus estimant que s'immiscer dans cette affaire serait synonyme d'ingérence vis-à-vis de l'État chérifien.

2.2 *Le rapport à la religion*

Le rapport à la religion peut également être considéré comme un indice permettant d'évaluer le degré d'ethnicité de l'élu d'origine maghrébine. À maintes reprises, certains élus ont développé un discours en rapport avec le religieux.

On peut déceler deux postures : d'une part, l'élu qui affirme avec force sa laïcité et d'autre part, l'élu qui s'identifie avant tout comme un musulman.

Aussi, lors de la campagne électorale mais de manière plus large aussi, les candidats sont constamment interpellés sur des questions liées au culte. Notamment sur les questions du port du

---

11 Cette affaire est celle d'un journaliste belge qui a abusé de nombreuses Marocaines en leur promettant le mariage et le visa, leur donnant ainsi l'espoir de venir s'installer en Europe. Cette affaire a été fortement médiatisée par la diffusion de photos *via* des sites pornographiques sur internet. Les victimes ont fait l'objet d'arrestations pour débauche allant jusqu'à un an de prison, ce qui a notamment suscité l'émoi de nombreux politiques.

12 La position d'une députée belge présentée comme une « députée marocaine » a fait l'objet d'un article dans le quotidien *Aujourd'hui Le Maroc* : http://www.aujourdhui.ma/servaty-agadir-justice-belge-details765.html.

foulard dans les écoles, de la viande hallal dans les cantines, de l'abattage rituel, etc.

Sur ce point, trois stratégies électorales peuvent être développées. D'une part, celle qui consiste à affirmer sa distance avec la sphère religieuse et qui a pour objectif d'intéresser les voix progressistes et laïques (plus d'un élu sur trois). D'autre part, celle qui affirme ses principes religieux pour s'attirer la sympathie de sa communauté de foi (moins d'un élu sur trois). Par ailleurs, on peut retrouver les candidats qui jouent sur les deux registres en développant parfois le double discours (plus d'un élu sur trois). L'importance du rapport au pays d'origine et à la religion est telle que V. Geisser (1997, p. 156) n'hésite pas à dire que « (...) la spécificité culturelle et religieuse de ces élites pose la question des conditions de leur éligibilité : n'est-ce pas précisément cette spécificité qui aurait constitué le facteur déterminant dans leur accession aux instances du pouvoir local ? » (13).

3. Une mobilisation ethnique de l'électorat belge d'origine maghrébine ?

Il n'y a pas de campagne électorale sans mobilisation. H. Bousetta (2005, p. 197) décrit trois formes de mobilisation politique qui sont définies par les acteurs des minorités ethniques, à partir des choix stratégiques : « mobilisation politique au sein d'associations ethniques, intermédiation et mobilisation politique au sein d'associations non ethniques ».

Lorsqu'on parle de mobilisation ethnique, il ne faut pas retenir les seules organisations visibles et reconnues. Comme le mentionne H. Bousetta (2000), il y a une forme de mobilisation qu'on omet souvent dans les analyses, c'est celle qui est la moins visible et qui fait partie de l'infra politique. D'autant que ces dernières peuvent jouer un rôle non négligeable sur la communauté maghrébine en

13 Au demeurant, la réalité française n'est pas la même que celle de la Belgique dans la mesure où en France, c'est le parti qui choisit les candidats éligibles et pas l'électeur car l'effet dévolutif de moitié de la case de tête n'existe pas dans ce pays.

l'occurrence. Nous reviendrons sur cette forme « cachée » de mobilisation.

Différentes théories existent sur les stratégies de mobilisation de la part des communautés ethniques, mais nous n'allons pas pouvoir les développer dans le cadre de cette recherche. Il y a notamment d'une part, les trois stratégies politiques électorales développées par R. Miles et A. Phizacklea (1997), qui permettent aux groupes ethniques d'améliorer leur position. D'autre part, il y a l'approche sociologique et économique de Jean Tillie (1998) qui va inscrire l'électeur d'origine étrangère dans des logiques différentes de vote selon la logique de classe, le clivage anti-raciste et le clivage ethnique.

Deux modèles permettent d'expliquer le comportement électoral. D'une part, le modèle déterministe qui met l'accent sur des variables sociologiques influençant le choix électoral et d'autre part, le modèle stratégique qui met en évidence le bénéfice et l'utilitaire du vote (Mayer, 1997).

Aussi, l'objet de cette recherche n'est pas d'analyser le comportement électoral des citoyens belges d'origine maghrébine. Comme le souligne d'ailleurs, H. Bousetta (1998, p. 161) « d'un point de vue méthodologique, et en l'absence de données résultant d'un sondage (à la sortie des urnes), il est impossible de rendre compte du profil de l'électeur qui porte son choix vers ses candidats ».

Pour aborder les stratégies des candidats à l'égard des électeurs d'origine maghrébine, il aurait été utile d'étudier cet électorat. À notre connaissance, aucune recherche n'a été élaborée sur ce sujet. Aussi, pourrait-on se demander comment les populations d'origine maghrébine perçoivent-elles les candidats de cette même origine. Ces populations ont-elles des attentes particulières ?

Lors de chaque campagne électorale, certains citoyens d'origine maghrébine n'hésitent pas à interpeller les candidats ayant la même origine, avec la question : « Mais que faites-vous pour nous ? » Le

« nous » sous-entendant le « nous » communautaire, lié à la communauté maghrébine ou musulmane.

Les candidats qui avaient déjà eu un mandat politique jugeront toujours utile d'expliquer aux électeurs les travaux qui ont été élaborés dans le cadre de leur fonction, documents à l'appui. Ils ont, ainsi, un atout que les nouveaux candidats n'ont pas. Notons que les élus ont souvent des compétences qui touchent de près ou de loin la communauté (l'aide à la jeunesse, les sports, l'instruction publique, etc.). De ce fait, certains ont une plus grande visibilité que d'autres.

4. Le vote ethnique et les autres types de vote

En pleine campagne, les stratégies électorales ont pour objectif d'orienter le vote et l'une des conséquences de la mobilisation ethnique est le vote ethnique. Qu'en est-il de ce type de vote ?

Dans le sens commun, lorsqu'on parle de vote ethnique, on sous-entend que les candidats d'une certaine origine voteraient pour des candidats de la même origine. On peut percevoir ici le danger du déterminisme et de la stigmatisation en réduisant ainsi les motivations des électeurs à leur ethnicité. Nous estimons qu'il faudrait considérer la variable ethnicité comme une autre. Mais cette façon d'envisager le vote des personnes d'origine maghrébine permet d'interroger la part d'influence que l'ethnicité peut requérir dans le choix d'un parti politique et d'un candidat. Nous avons pu remarquer, à plusieurs reprises, des articles dans la presse quotidienne relatant du « vote ethnique » mais ce phénomène n'a jamais fait l'objet d'une étude sérieuse sur base d'un questionnaire à la sortie des urnes (14) qui prouverait la corrélation entre vote et ethnicité.

---

14 Ceci étant dit, le CEVIPOL (Centre d'Étude de la Vie Politique de l'ULB) a mené une grande enquête avec 3000 questionnaires à la sortie des urnes le 13 juin 2004 mais cette investigation s'est principalement basée sur l'identité confessionnelle des électeurs. Les résultats sont d'ailleurs assez intéressants dans la mesure où ils mettent en évidence que 49,66 % des électeurs musulmans auraient voté pour le Parti Socialiste. Par conséquent, selon l'enquête, une corrélation entre l'adhésion au PS et la confession musulmane pourrait être établi.

M. Martiniello (1998b, p. 139) définit le vote ethnique de deux façons : « Dans un premier sens, cette expression désigne le vote individuel exprimé par l'électeur issu d'une catégorie ethnique en faveur d'un parti qui regroupe des candidats de cette même appartenance. Dans un second sens, on peut parler de "vote ethnique" lorsque des électeurs issus d'une même catégorie ethnique décident de soutenir en bloc tel candidat ou tel parti quelle que soit au demeurant leur appartenance ethnique. Ce vote groupé peut éventuellement faire l'objet d'un marchandage entre électeurs et candidats, ces derniers s'engageant à procurer aux premiers un avantage particulier en échange de leurs voix. »

On peut émettre l'hypothèse qu'un électeur d'origine maghrébine vote pour un candidat de la même origine. Mais rien ne permet de considérer que tous les électeurs d'origine étrangère votent pour des candidats d'origine étrangère. De plus, des électeurs belges depuis plusieurs générations peuvent avoir le souci de voter pour un candidat d'origine étrangère au nom de valeurs progressiste et antiraciste. Nous rejoignons la conclusion de M. Martiniello qui considère l'ethnicité comme un critère parmi d'autres, n'expliquant pas la totalité du choix électoral d'un Belge d'origine étrangère (15). H. Bousetta, lui, explique les réserves qu'il émet sur le rôle joué par le vote ethnique notamment par le fait que « la taille et l'idéologie des partis, la notoriété et l'ordre de présentation des candidats sont des facteurs qui tendent à l'emporter sur une simple logique ethnique » (1998, p. 162). Ceci étant dit, il n'exclut pas cependant la variable ethnicité pour expliquer le comportement électoral des Belges d'origine maghrébine.

À ces arguments, ajoutons que le vote, par essence, est un choix rationnel calculé à partir des bénéfices escomptés et donc à ce titre, si l'électeur d'origine maghrébine pense retirer plus d'utilité à voter

---

15 M. MARTINIELLO, 1999, p. 26 : « (…), les électeurs d'origine étrangère semblent tout autant ou tout aussi peu rationnels que les autres électeurs. Ils posent leur choix électoral en fonction d'une série de critères rationnels et émotionnels parmi lesquels figure sans aucun doute l'ethnicité. Mais cette seule dernière n'explique pas la totalité de leur comportement électoral. »

autochtone, son choix portera sans hésiter sur ce dernier. Olivier Ilh, dans son ouvrage consacré au vote, relève de manière pertinente : « L'élection correspond (...) à une arène où se joue le sort de communautés religieuses, linguistiques ou territoriales. (...) la décision collective est forgée, non par des intérêts individuels, mais par ceux de groupements reflétant et exacerbant des clivages communautaires. La mobilisation électorale s'effectue sur base de revendications d'appartenance et de conflits d'identité » (2000, pp. 27-28).

Donc l'électeur est un acteur rationnel mais qui baserait ses choix électoraux à partir du groupe auquel il appartient.

On parle souvent du vote ethnique lorsqu'on parle du comportement électoral des citoyens belges d'origine maghrébine, mais il y a également d'autres critères qui peuvent influencer le vote. Les modèles explicatifs sont nombreux, on relève notamment :

- *le vote de proximité :* ce vote est lié au fait de connaître personnellement le candidat, de lui avoir parlé ou de l'avoir beaucoup entendu parler et l'apprécier. Ce positionnement ne tient pas compte du facteur ethnique, ni du parti politique où est inséré le candidat. L'exemple de l'électorat de la voisine d'origine maghrébine qui se lance dans la politique doit-il être considéré comme un vote ethnique ou un vote de proximité ? Cet exemple montre à quel point les motivations électorales peuvent être diverses et que le seul facteur ethnique ne peut tout expliquer ;
- *le vote jeune :* ce vote consiste en ce qu'un électeur jeune vote pour un candidat qui incarnerait également la jeunesse. Ces derniers seraient plus sensibles aux réalités vécues par les jeunes, comme la discrimination à l'embauche par exemple.

> « *Il y a des jeunes Maghrébins qui votent pour moi car je suis un jeune et ils ne s'identifient pas à des candidats de la première génération (...). Je me suis donc profilé comme un gars qui allait parler au nom des jeunes. Au lieu de faire super large, j'ai ciblé pour ne pas m'éparpiller* », Élu n° 10.

- *le vote « femme » :* nous avons pu déceler lors de nos entretiens, l'influence d'un vote où les électrices d'origine maghrébine avaient tendance à voter pour une candidate. Selon les propos des élues interrogées, certaines étaient particulièrement soutenues par les femmes de manière générale et celles de leur communauté en particulier.

  « *Je touche beaucoup les milieux fréquentés par les femmes, je vais dans les mariages, les Hammams... Dans les salons de coiffures aussi, ce sont mes copines. C'est mon réseau le plus important, les mamans, les femmes quoi. Elles viennent chez moi, je vais chez elles, je suis une des leurs* », Élu n° 3.

- *le vote symbolique :* ce vote serait, selon certains chercheurs, le vote d'autochtones qui voteraient pour un candidat d'origine étrangère, au nom de valeurs progressistes et au nom de l'antiracisme.

Dans chaque type de vote, il peut y avoir un processus d'identification de l'électeur au candidat. Il y a aussi ce qu'on appelle « l'électeur-stratège » (J.-P. Lecomte, 2005, pp. 453-508) dont le vote ne sera pas déterminé par son appartenance à un groupe ou par des caractéristiques sociologiques mais plutôt par l'offre ainsi que l'agenda politique, en développant ainsi une véritable stratégie électorale. Ce qui permet ainsi de considérer finalement le vote ethnique (16), comme étant un vote parmi d'autres. En effet les motifs au vote sont nombreux et varient en fonction des intérêts de chacun. Pour terminer sur la question du vote ethnique en tant que critère parmi d'autres, effectivement, l'ethnicité du candidat ou les avantages particuliers et les généreuses promesses qu'il s'engage à accorder à la communauté peuvent orienter le vote. En même temps, il faut préciser

---

16 Lorsqu'on évoque le vote ethnique, on fait souvent allusion à vote maghrébin, marocain, voire rifain. Mais on omet le vote religieux ou « islamique ». En effet, certains ne vont pas hésiter à mettre comme critère prioritaire la pratique religieuse du candidat.

que l'efficacité de cette stratégie sera fortement corrélée avec la cohésion du groupe ethnique (17).

5. Conclusion

En faisant référence à la mobilisation et au vote ethnique, il ne s'agit pas ici de ressortir des éléments particularistes qui pourraient avoir pour conséquence une certaine stigmatisation des élus d'origine maghrébine. Étudier les stratégies électorales de ces derniers vise avant tout à clarifier les moyens utilisés et à démystifier les méthodes mobilisées par ces « nouveaux » candidats sur la scène électorale afin de contribuer à une certaine normalisation de leur présence au sein des instances décisionnelles.

Nonobstant la dimension ethnique de la participation politique des élus d'origine étrangère, certains facteurs institutionnels ont contribué largement à leur émergence sur la scène publique. La réduction de moitié de l'effet dévolutif de la case de tête, par exemple, a eu pour conséquence d'accorder plus d'importance aux voix de préférence des candidats qui ne sont pas classés en ordre utile. Aussi, l'assouplissement des règles pour la naturalisation a également permis à l'électorat d'origine étrangère de s'accroître.

---

17 C'est justement là où se marque l'une des principales différences qu'il y a dans les stratégies électorales entre la communauté maghrébine et turque. Cette dernière étant particulièrement marquée par une cohésion forte. Comme le souligne P.-Y. LAMBERT : « Tant en 1999 qu'en 2003 et en 2004, il y a probablement eu un vote ethnique turc en faveur essentiellement d'un seul candidat par scrutin, sans réelle considération de parti, l'essentiel étant qu'il s'agisse d'un des deux partis au pouvoir, libéral ou socialiste. Cette caractéristique de l'électorat turc est une constante déjà observée aux Pays-Bas » (2004, p. 21).

CHAPITRE II

LES ÉLUS BELGES D'ORIGINE MAGHRÉBINE ET LA MOBILISATION DES STRATÉGIES ÉLECTORALES

Dans ce chapitre, nous étudierons la campagne électorale des élus d'origine maghrébine par le biais d'un cadre théorique qui réunit les outils tirés de la communication politique afin de pouvoir mobiliser des concepts qui vont non seulement organiser la recherche mais également structurer les données. Ainsi, nous essaierons de déterminer dans quelle mesure ces outils ont été « ethnicisés » lors de la campagne électorale.

1. Le marketing politique dans la campagne électorale

La communication politique en tant que discipline est assez récente. Elle ne daterait que de la seconde moitié du XXème siècle et serait née aux États-Unis. Parler de communication politique, c'est parler de manière générale de la communication entre gouvernants et gouvernés. Nous retiendrons la dénomination de « marketing politique », qui sera plus spécifique à notre analyse.

Il y a différentes définitions du marketing politique, nous retiendrons la suivante : « Le marketing politique pourrait servir à désigner un ensemble de théories, de méthodes, de techniques et de pratiques sociales, inspirées du marketing commercial, qui sont toutes destinées à persuader les citoyens d'apporter leur soutien à un homme, à un groupe ou à un projet politique » (S. Albouy, 1994, p. 22).

L'objectif de cette discipline est de pouvoir influencer l'électeur dans son comportement, dans son opinion afin qu'il puisse voter pour un candidat. C'est donc durant les campagnes électorales que le marketing politique bat son plein. Aujourd'hui, on assiste à une professionnalisation de plus en plus importante des méthodes stratégiques utilisées lors des campagnes électorales. De plus, de nouvelles technologies telles qu'internet par exemple joue un rôle qui s'avère désormais incontournable dans la communication politique.

Le défi de cet exercice sera de mettre en lien ces stratégies avec la campagne des élus d'origine maghrébine. D'emblée, précisons que sur tous les députés régionaux interrogés, un élu seulement déclare avoir développé son mode d'action à partir du marketing politique.

> « *Quand je mène une campagne, je fais appel au marketing politique. J'identifie les lieux, le message que je m'adresse, les cibles que je dois atteindre et comment je dois faire pour adresser le message à cette cible* », Élu n° 10.

Les autres élus disent ne pas utiliser formellement les moyens définis par le marketing politique pour organiser leur campagne.

L'objectif du marketing politique est de pouvoir garder l'électorat habituel du candidat qui est déjà acquis mais qu'il faut préserver, pouvoir orienter les électeurs indécis et convaincre les autres électeurs afin d'avoir un maximum de voix pour être élu.

2. Les étapes du marketing politique

Il y a plusieurs étapes à suivre dans le marketing politique. Nous allons citer quelques points incontournables des stratégies à développer car ils sont d'une importance capitale dans la manière dont se déroule une campagne électorale. Nous nous sommes inspirés, pour ce chapitre, de toute une série d'ouvrages consacrés au marketing politique afin de proposer un cadre théorique synthétisant les différentes étapes à suivre. C'est dans ce cadre que nous allons tout d'abord évoquer les différentes stratégies existantes, le ciblage de l'électorat ainsi que le calendrier de la campagne électorale.

2.1 *Les différentes stratégies*

Nous n'allons pas entrer dans les détails des méthodes à suivre mais soulignons que l'élaboration des stratégies est fondamentale dans ce domaine où seul un diagnostic de la réalité du terrain peut permettre une campagne électorale efficace. En effet, l'objectif de la campagne est d'obtenir un maximum de voix pour se faire élire. Pour cela, il faut développer une série de moyens efficaces. Parmi ces moyens figurent :

2.1.1 *La connaissance du terrain*

La première des démarches est l'analyse du terrain. Il est, en effet, important de connaître les attentes des citoyens afin de pouvoir essayer d'y répondre. Parallèlement à cela, il est utile de connaître la campagne des concurrents, des autres candidats qui se présentent. Parmi les élus que nous avons rencontrés, seul un élu a fait la démarche d'étudier son terrain de campagne.

2.1.2 *La définition du thème de campagne*

Lors d'une campagne électorale, il est important de définir des thèmes (18) qui serviront de base durant la période préélectorale. Nous constatons que peu prennent en considération la nécessité d'établir un thème ou un slogan de campagne qui pourrait convaincre l'électorat.

« *Comme je n'avais pas de slogans, j'ai dit aux gens : "Pas de promesses mais un engagement"* », Élue n° 12.

2.1.3 *Les différentes stratégies selon les cibles*

Il y a plusieurs moyens qui permettent de déterminer les cibles. Certains vont cibler en fonction de la tranche d'âge des électeurs

---

18 Pour plus d'informations que la question des thèmes de campagne, voir l'ouvrage de M. NOIR qui décrit trois types de stratégies pour une dynamique thématique optimale : 1) La stratégie thématique indifférenciée ; 2) La stratégie thématique différenciée ; 3) La stratégie thématique concentrée (M. NOIR, 1977, pp. 100-102).

(catégorie 18-30 ans ; 30-50 ans ; plus de 50 ans), d'autres en fonction de l'origine. La définition des cibles peut s'élaborer de plusieurs manières, et pour chaque cible, une stratégie particulière est définie (19). Certains élus vont utiliser le bottin téléphonique, le registre de l'état civil de la commune ou la base de données des électeurs.

> « *On reçoit la liste électorale, la liste des votants, un mois seulement avant les élections et puis je prends quelques étudiants que je paie pour encoder tout ça. Je sélectionne à partir de l'âge, j'ai des cibles, ceux qui m'intéressent, ce sont les 25-40 ans, ils ont plus de chances de voter socialiste. Ce sont mes hypothèses… jamais vérifiées* », Élu n° 13.

Le tableau ci-dessous montre les différents moyens qui peuvent être élaboré en fonction de l'objectif à atteindre et selon la cible choisie (Ph. J. Maarek, 2001, p. 92).

OBJECTIF	MÉDIA	CIBLE
Sensibiliser les relations d'opinion des diverses catégories socioprofessionnelles, éventuellement, recueillir des cotisations des sympathisants	Réunion, colloques, courriers directs (« mailings »), d'une façon générale, moyens du « marketing direct », internet	*Précise allogène :* Public différencié par profession ou catégorie sociale, etc.
Mobilisation des militants et soutiens	Meetings électoraux, spots audiovisuels, cassettes vidéo, intranet	*Précise homogène :* Public partisan
Communication « de conquête », différenciation par rapport aux autres hommes politiques	Affiche, presse et relations publiques, radio, télévision (« publicité politique » si contre paiement)	*Précise hétérogène :* Public général

Concrètement, les candidats d'origine maghrébine que nous avons rencontré n'utilisent pas de méthodes précises dans le cadre de

19 Nous y reviendrons avec plus de profondeur dans le point consacré au ciblage de l'électorat.

la campagne électorale même si on assiste à une tendance à la professionnalisation des moyens utilisés.

2.1.4 *La personnalisation de la campagne et l'image du candidat*

Dans la campagne électorale, il est utile de rehausser certains aspects du candidat et valoriser une image positive. Les qualités telles que proximité, intelligence, confiance, sympathie, sont fortement valorisées chez un candidat. L'importance du candidat est telle que les partis où la personnalisation de la campagne électorale n'était pas de mise par le passé ont changé de stratégie aux élections de 2004 en optant pour la visibilité des personnes inscrites sur les listes.

2.1.5 *La proximité avec l'électorat*

Il est important que l'électeur se reconnaisse en celui pour qui il vote. Être proche de l'électeur est un élément clé dans une campagne électorale. À titre illustratif, prenons l'exemple de Jean-Luc Dehaene, ancien Premier ministre CD&V, cité par G. Thoveron : « Il est aussi le fanatique de football que la télévision a montré, chez lui, dans un intérieur relativement modeste, face au petit écran, bondissant comme un cabri quand un but était marqué. Il est simple et pas fier. Il est modeste comme ses électeurs, des électeurs ravis de se reconnaître en lui, ayant l'impression d'être emportés dans le sillage des grands de ce monde » (Thoveron, 2003, p. 155).

Comme le souligne Rémi Lefebvre, la proximité d'un mandataire politique est devenue un aspect essentiel pour avoir une légitimité politique. Comme il l'écrit : « pour les élus, se rapprocher des citoyens, c'est s'en approcher physiquement pour donner l'illusion de leur ressembler et conjurer une distance sociale grandissante » (R. Lefebvre, 2000).

2.1.6 *La stratégie de communication et la visibilité*

Cette stratégie consiste à faire connaître le candidat auprès des électeurs et à valoriser ses qualités afin de convaincre l'électorat. Ainsi, il faut obtenir des citoyens qu'ils votent pour le candidat. Ceux qui sont les plus visibles sont ceux qui ont le plus de chance de gagner des élections. Sur ce point, les candidats qui ont déjà fait campagne par le passé ont plus de chance de gagner en visibilité.

> « *Pour ma campagne 2004, j'avais déjà mon 3ème mandat, c'est donc la 4ème campagne que je mène. J'ai donc un avantage par rapport aux nouveaux candidats du fait aussi que je suis relativement connu* », Élu n° 5.

2.2 *La segmentation et le ciblage de l'électorat*

Le ciblage de l'électorat est une étape importante dans le marketing politique. L'une des stratégies menée lors des campagnes électorales consiste à s'adresser à des groupes précis, des « segments-cibles » ou des « catégories-cibles », selon ce que proposent les différents spécialistes (20) de la question, qui sont beaucoup plus efficaces que de s'adresser à la population de manière large. Comme le dit S. Albouy, « l'opération de ciblage, qui axe une campagne de communication sur une ou plusieurs catégories de citoyens, est donc précédée d'une segmentation destinée à fractionner le corps électoral » (S. Albouy, 1994, p. 72).

Philippe J. Maarek définit (21) plusieurs types de cibles à atteindre (2001, pp. 60-65) :

- une segmentation structurelle : les cibles privilégiées, celles qui peuvent relayer et influencer le soutien au candidat, comme les « relais d'opinion » ou les leaders. En effet, souvent l'efficacité est une campagne menée de manière indirecte ;
- une segmentation qualitative : qui définit des segments plus précis. Dans ce cas-ci, on ne cherche plus les relais mais on tente de déterminer différentes parties de la population avec laquelle on tente d'adapter le message en fonction de leurs attentes. On va donc diviser les « segments-cibles » de manière classique, c'est-à-dire à partir des critères sociologiques (sexe, âge, profession, etc.),

---

20 Le concept de « segments-cibles » est proposé par Ph. J. MAAREK, tandis que celui de « catégories-cibles » est proposé par M. NOIR.

21 Ph. J. MAAREK, *op. cit.*, pp. 60-65.

soit de façon plus propre au marketing politique, c'est-à-dire en fonction des affinités politiques (22).

Il y a aussi le ciblage géographique. En effet, comme le candidat ne peut être partout à la fois, il va se concentrer sur certaines zones où il portera l'essentiel de ses efforts. Tout dépendra de la stratégie de communication que le candidat va adopter mais aussi du type d'élection. Sur ce point, nous avons l'exemple d'une élue qui préfère cibler des quartiers réputés avoir plus d'affinités avec son parti :

> « *Je préfère aller dans des quartiers comme le haut de Forest, Uccle, Auderghem, car on peut dire que ce sont des communes à tendance MR. J'avais donc plus de facilité dans ces endroits que dans des communes comme Molenbeek, assez socialiste* », Élu n° 12.

Dans le cas des élus d'origine maghrébine, la cible prioritaire est clairement les personnes de la même origine. Mais pas uniquement, la plupart des élus prennent conscience qu'ils ne peuvent se permettre de se limiter à la pêche aux voix des électeurs d'origine maghrébine. Suite aux entretiens, on peut constater une réelle volonté de leur part d'attirer d'autres franges de la population. De plus, les candidats belges d'origine maghrébine tentent également de suivre la méthodologie d'action définie pas le marketing politique. En effet, ils essaient de définir (in)consciemment les cibles de l'électorat et les zones géographiques de prédilection de manière plutôt intuitive. Ainsi, au-delà de l'origine et du territoire, les catégories d'âges et les catégories sociales sont également définies afin de pouvoir mieux attirer les voix.

À côté de la segmentation de l'électorat, il est également important de connaître l'électorat afin de pouvoir s'adapter au public,

---

22 À partir de cette division de critères, il faudra définir le type de campagne, à savoir, une « campagne de conquête » des électeurs hésitants ou une « campagne de maintien » qui s'adresse à l'électorat convaincu, qui serviront de relais auprès des cibles plus éloignés. Les deux démarches peuvent d'ailleurs être menées de manière parallèle mais nous n'allons pas approfondir ce point.

ne pas le heurter et pouvoir le satisfaire. Il est important que le candidat soit audible et qu'il puisse parler un langage qui lui permette de se faire comprendre auprès des autres.

> « *À cause de mon caractère perturbateur, mon franc-parler, je me suis fait un nom. J'ai organisé pas mal de manifestations, j'ai beaucoup bougé, crié. J'étais connu pour être quelqu'un qui disait ce qui pensait, qui ose et je sais que c'est reconnu par beaucoup de gens, et c'est souvent perçu comme une qualité* », Élu n° 1.

L'évaluation des précédentes campagnes permet de mieux connaître l'électorat pour les candidats qui se sont déjà présentés. En effet, il est utile de s'attarder sur ce qui a attiré l'électorat pour faire une évaluation des supports efficaces, des thématiques qui ont touché et des cibles qui ont été sensibilisées.

2.3 *Le calendrier de la campagne électorale*

Après avoir défini les stratégies et la segmentation de l'électorat, il faut passer à la mise en application par le biais de ce que Philippe J. Maarek appelle le « plan de campagne ». Ce plan de campagne comprend deux volets : d'une part, la mise à l'agenda avec une chronologie de la campagne et d'autre part, l'élaboration d'un « plan médias » (23). La date du début de la campagne dépendra de la notoriété du candidat. S'il n'est pas connu, il aura un « retard » à combler et devra commencer plus tôt que d'autres (24).

Dans la typologie des principales chronologies proposées par Philippe J. Maarek (25) (2001, p. 79), nous retiendrons les « campagnes à étapes », une des méthodes les plus utilisées par les candidats

23 On ne va pas s'étendre sur le « plan médias » car on constate que ce champ n'a pas du tout été développé par les élus d'origine maghrébine.

24 Officiellement, en Belgique, on considère que la campagne démarre officiellement trois mois avant le jour des élections.

25 L'auteur distingue quatre types principaux de chronologies : 1) les campagnes à montée en puissance progressive ; 2) les campagnes éclairs ; 3) les campagnes à étapes ; 4) les campagnes stop and go (Ph. J. MAAREK, 2001, pp. 84-85).

d'origine maghrébine. Ce type de campagne consiste à organiser des « pseudo-événements » sur différents thèmes, notamment par des associations afin de faire connaître le candidat.

3. Les instruments du marketing politique

Dans un souci d'ordre théorique, nous allons baser la classification des instruments du marketing politique sur la typologie développée par Philippe J. Maarek (2001). Cet angle de vue sera adopté pour étudier les instruments utilisés par les élus d'origine maghrébine pour mener leur campagne. Il classe ces instruments en trois catégories : 1) les modes d'actions « classiques » ; 2) les modes d'actions audiovisuels ; 3) la méthode du marketing direct et les nouveaux médias.

3.1 Les modes d'action classique

Dans les modes d'actions classiques, il y a le contact direct avec l'électorat. Cette forme de communication politique est la plus ancienne. L'inconvénient est qu'elle prend beaucoup de temps et qu'elle touche un nombre très limité de personnes, malgré tout c'est l'une des méthodes les plus efficaces qui soit. Ce contact personnel permet souvent d'établir un lien solide entre le candidat et l'électeur. Ces instruments sont tous ceux qui existaient avant le développement du marketing politique. Parmi ces moyens figurent l'affiche, le tract électoral, le porte-à-porte, les meetings électoraux, les « tupperware » et les permanences. Il y en a certainement d'autres mais nous avons limité les instruments à ceux qui été utilisés par les candidats d'origine maghrébine.

3.1.1 L'affichage

L'affiche est l'un des vecteurs les plus classiques d'une campagne électorale. Mais contrairement à ce que l'on pourrait penser, c'est l'outil qui a le moins d'impact sur le choix de l'électeur.

Jean-Marie Cotteret relève que la fonction d'une affiche n'est pas de dire « votez pour untel » mais elle dit plutôt « untel est candidat, informez-vous sur lui » (J.-M. Cotteret, 1991, p. 88). Donc l'affiche consiste avant tout à dire que le candidat existe. Elle n'est pas adaptée à informer le citoyen des idées, du programme et des thèmes qui sont défendus.

L'affichage sur les panneaux officiels est réglementé. On ne peut afficher n'importe quand et des lieux d'emplacements spéciaux sont prévus. Mis à part ces emplacements officiels, il y a les vitrines commerciales qui sont la proie du surcollage et les fenêtres des maisons des particuliers.

Le nombre d'affiches imprimé par les élus interrogés varie entre 300 et 10.000. La différence s'explique notamment par les moyens attribués aux candidats sortants et aux nouveaux candidats (26).

3.1.2 *Le tractage et les dépliants*

Parmi les supports écrits, on trouve : les programmes, les livrets présentant tout les candidats de la liste, les tracts et dépliants de différentes dimensions présentant le candidat seul, accompagné des têtes de parti ou alors dans un groupe de trois, quatre candidats. Des cartes de visite, une presse partisane, des toutes-boîtes également. Parfois, ces documents ont une cible bien particulière : les jeunes, les seniors, les femmes, etc.

Les tracts distribués sur la voie publique, que ce soit au marché, au centre-ville, et dans tant d'autres endroits figurent parmi les instruments les plus classiques de la campagne électorale.

Ils possèdent quelques atouts notamment le fait qu'« ils offrent l'avantage d'exprimer l'opinion des partis et des politiciens dans la forme exacte choisie par ceux-ci » (O. De Biolley, 1994, p. 68).

Ces outils sont plus considérés comme des moyens qui complètent les autres instruments plutôt qu'un moyen en soi car le choix de l'électeur est rarement fondé sur base d'un simple dépliant ou d'un simple tract.

---

26 En effet, les candidats qui avaient déjà été mandatés par le passé ont pour les dépenses électorales, une plus grande marge financière. Ils peuvent en effet dépenser jusqu'à 18.000 € (en fonction de leur place sur la liste) alors que les nouveaux candidats ne peuvent dépasser les 5.000 €.

Concrètement sur ces documents, les élus ont généralement utilisé en masse les tracts et dépliants, qui vont des 15.000 jusqu'aux 150.000 exemplaires. Les cartes de visite ont également beaucoup de succès dans les modes d'action développés par les élus régionaux (27).

3.1.3 *Le porte-à-porte ou le « canvassing »*

Le porte-à-porte présente l'avantage de la communication verbale par le biais du face-à-face.

Le contact direct par le biais du porte-à-porte est très efficace. Le candidat se déplace, et les électeurs ont le sentiment que le candidat se soucie de leur personne, de leurs attentes, qu'il est présent sur le terrain. Cette démarche serait surtout « rentable » selon les spécialistes de la communication politique surtout si elle était accompagnée d'une trace écrite (tracts, programme, dépliants, ou carte de visite) et que ce soit le candidat lui-même qui fasse le déplacement au lieu que ce soient des militants anonymes qui fassent le travail à sa place. Ceci étant dit, il faut préciser que le porte-à-porte peut présenter des difficultés dans certains quartiers où il y a des grands bâtiments à plusieurs étages. La configuration de certains quartiers rend ainsi ce procédé difficile. Par conséquent, le candidat préfère être présent lors de fêtes de quartiers et de marchés locaux.

Sur l'ensemble des élus interrogés, trois seulement ont fait du porte-à-porte durant la campagne électorale. Le reste dépose des toutes-boîtes ou préfère envoyer des courriers dans les domiciles.

3.1.4 *Les meetings électoraux*

Les meetings électoraux s'organisent souvent dans le cadre de débats thématiques où l'idée est d'inviter un candidat pour donner une position sur un sujet bien précis. Les meetings réunissent généra-

27 Aussi, pour les régionales, des candidats d'origine maghrébine ont utilisé leur tract pour montrer comment voter pour eux en expliquant tout le processus du vote électronique jusqu'à comment cocher la case avec leur nom. En prenant en considération la complexité du système de vote électronique, l'illustration de la méthode à suivre par le biais des tracts peut s'avérer bien stratégique.

lement un public assez divers mais ils ne touchent qu'un public déjà sensibilisé et assez restreint. Par conséquent son efficacité est à revoir.

La majorité des élus interrogés ont participé à des meetings électoraux. La plupart d'entre eux sont parfois appelés par le parti pour remplacer le ténor du groupe politique :

> « *Je suis souvent choisie pour traiter de la question de la femme ou des questions liées à l'islam. Le parti m'y envoie souvent en pleine campagne électorale* », Élue n° 11.

3.1.5 *Les « tupperware »*

Les « tupperware » sont des rencontres organisées à l'initiative d'un ami du candidat qui invite lui-même ses amis afin de présenter le candidat dans le cadre d'un dîner, d'un moment de convivialité. Ces rencontres ont la particularité de permettre un contact direct avec le candidat (28) permettant ainsi de lui poser des questions dans un cadre restreint. Selon Philippe J. Maarek, le fait qu'il y ait un repas participe à un « renforcement psychologique supplémentaire : la communion dans l'acte de "rompre le pain". D'un point de vue psychologique, elle a pour effet de faire appartenir tous les participants d'un même repas à une communauté. » (Ph. J. Maarek, 2001, p. 145).

Parmi les élus interrogés, un petit nombre n'avait jamais entendu parler de ce terme en tant que tel. Par contre, une grande partie de ceux que nous avons contactée avait eu l'occasion de participer à au moins un « tupperware ». L'un des élus rencontré avait d'ailleurs beaucoup misé sur ce moyen :

> « *Je faisais beaucoup de réunions "tupperware". Je demandais à un ami de me ramener 10 personnes chez lui. On avait mis en place un système qui était génial avec mon équipe : une soirée avec apéro, plat, dessert. Je passe chez l'un de 7h à 8h pour l'apéro, ensuite, je vais chez un autre pour l'entrée à 8h, puis*

28 Les « tupperware » serviraient aussi à recruter de nouveaux relais afin de créer l'effet « boule de neige » au sein même de leur entourage.

chez une autre pour le dessert, etc. Sur une soirée, j'ai fait 60 personnes, une heure par lieu. C'était gai et ça a fort marché. On s'organisait par communes et cela fonctionnait très bien », Élu n° 10.

3.1.6 *Les permanences*

Souvent les élus ont des permanences leur permettant d'être à l'écoute du citoyen. Chaque citoyen sait qu'une fois par semaine, à une heure particulière, il est possible d'être reçu et entendu. Cet instrument classique est considéré comme un élément du marketing politique même si ce n'est pas un « moyen en soi » crée pour la campagne électorale. En tout cas, elle contribue pleinement à son efficacité. En Belgique, ces permanences ne concernent pas les nouveaux candidats, seules les personnes qui avaient déjà été élues par le passé pouvaient en faire usage.

« Ce contact direct permet, évidemment, une communication d'une excellente qualité, puisque l'homme politique peut y converser sans intermédiaire avec ses interlocuteurs » (Ph. J. Maarek, 2001, p. 334) en même temps son efficacité est fort limitée, selon l'auteur, car elle touche un petit nombre de personnes seulement. Cette affirmation de Philippe J. Maarek pourrait être nuancée car nous avons pu constater, au contraire, que les permanences sociales ont pu être un déterminant dans la visibilité et la proximité de l'élu. Plus de la moitié des élus interrogés ont des permanences sociales hebdomadaires et les autres reçoivent sur rendez-vous pour des problèmes liés au logement, à la nationalité, à la recherche d'un emploi, etc. à leur bureau. Tous ont développé une certaine disponibilité avec les citoyens car ils ont tous conscience de son importance (29).

Pour les élus qui organisent ces rencontres, certains n'hésitent pas à penser que leur succès électoral est principalement lié à ces permanences sociales hebdomadaires :

---

29 Un lien peut être établi entre les permanences et la constitution de fichiers. En effet, certains élus gardent les coordonnées des personnes qu'ils ont aidé afin de pouvoir faire appel à ces derniers au moment des élections.

> « *J'ai bénéficié du travail de mes permanences sociales organisées depuis pas mal d'années. (…), c'est mon travail qui a porté ses fruits* », Élu n° 4.

> « *Officiellement, j'avais deux permanences par semaine, maintenant j'ai une fois par semaine, tous les lundis matin. Mais je reçois quasi tous les jours, au bureau, au parlement, à la commune. C'est un moyen de proximité. Mais je ne le pense pas dans une perspective électoraliste, je ne demande jamais de voter en contrepartie pour moi car je suis là pour résoudre des problèmes. Je n'appelle pas ça d'ailleurs "permanence sociale", je préfère dire "rencontre citoyenne"* », Élu n° 5.

D'autres relativisent son efficacité par le fait qu'aider n'est pas synonyme de voter.

> « *J'essaie d'être en contact avec les gens tous les lundi après-midi. Mais financièrement, le temps qu'on consacre : écrire une lettre, téléphoner, etc. On aide car c'est un devoir mais s'il y a des 10 % des gens qui viennent vous voir et qui ont voté pour vous, pouvez estimer que c'est déjà bien ! Les gens ont la mémoire courte...* », Élu n° 2.

3.2 *Les moyens audiovisuels*

Ce mode d'action est très développé dans plusieurs pays, notamment aux États-Unis où les campagnes électorales sont entre autres marquées par les spots publicitaires. En Belgique, les règlements électoraux interdisent ce genre de méthode.

Sur le plan télévisuel, les chaînes marocaines (30) consacrent des reportages sur des hommes et des femmes politiques d'origine marocaine. Ces émissions sont particulièrement suivies par la communauté marocaine de Belgique. Elles représentent ainsi un atout

30 Il s'agit des chaînes RTM et 2M dans des émissions comme « Biladi » ou « Canal Atlas ». Nous n'avons pas mentionné les chaînes de télévision belge car les élus ont été très peu présents (quelques apparitions sur les chaînes locales Télé Bruxelles et TV Brussel mais en dehors de la période préélectorale).

important dont il faut tenir compte dans les stratégies audiovisuelles des élus d'origine maghrébine.

Les deux principaux moyens audiovisuels utilisés par les candidats d'origine maghrébine sont la radio et dans une moindre mesure les journaux locaux. L'intérêt des modes d'action audiovisuel réside dans le fait que plusieurs personnes écoutent la radio et lisent les journaux.

3.2.1 *La radio*

La radio représente un instrument de communication politique utilisé en complément avec des autres moyens. Il ne faut pas surestimer son importance car elle ne touche qu'une partie de la population. À cela, il faut rajouter que les candidats d'origine maghrébine sont rarement sollicités par les grandes radios.

Dans les foyers maghrébins où on lit peu, l'outil radiophonique occupe une grande place. Sur la même onde du 106.8 FM, plusieurs radios (31) émettent des programmes différents. On trouve des émissions musicales, informatives ou religieuses. Ces programmes sont adressés à la communauté arabophone et dans une moindre mesure à la communauté berbérophone.

La fréquence arabe fut reconnue en 1986, mais ses radios ont fait l'objet de plusieurs remaniements par le Conseil supérieur de l'audiovisuel suite à plusieurs dérives liées surtout à des conflits interpersonnels (32). Nombreux sont les élus, qui invités au 106.8 FM, affirment que la radio a pu jouer un rôle positif de par le fait qu'après des émissions, des électeurs ont téléphoné aux candidats pour affirmer leur soutien. Précisons que la majorité des élus interrogés ont été invité à débattre dans les différentes émissions du 106.8 FM mais aussi dans d'autres petites radios.

---

31 Radio Al Manar, Medi 1, Al Wafa, Radio Salam, Al Watan et Culture 3.

32 Pour en savoir plus sur l'historique de la radio du 106.8 FM, lire l'article de F. BOURAS (1986, pp. 13-18) et l'article de A. SI M'HAMMED (1993, pp. 36-38).

> « *On m'a dit que j'étais l'une des personnes qui a le plus bénéficié de la radio. En fait, à la radio comme partout d'ailleurs, je parle avec mes tripes, je pense que les gens sentent que c'est du vécu. Les gens m'appellent souvent directement après mon passage à la radio pour m'affirmer leur soutien* », Élu n° 1.

Parmi ceux qui ne sont pas passés à la radio (33), certains estiment avoir été boycottés, d'autres affirment leur refus à participer à des émissions où la déontologie journalistique fait complètement défaut.

> « *Les médias arabes ? Jamais de la vie ! Ce ne sont pas des journalistes. Non seulement, on ne m'invite pas mais en plus je refuse d'y aller, donc ça tombe bien !* », Élu n° 13.

3.2.2 Les journaux locaux

Philippe J. Maarek distingue deux types de presse (2001, pp. 157-158) :

1. *la presse partisane,* qui est produite par les partis politiques. La subjectivité de la presse partisane s'illustre par ses prises de position en faveur d'un ou des candidats d'un parti politique, ce qui rend ce type de presse moins intéressante que la première pour l'électeur. Tous les partis ont imprimé une série de documents où les candidats interrogés étaient repris ;
2. *la presse non partisane,* qui se traduit par l'intromission d'annonces payantes dans des quotidiens et des hebdomadaires. La publicité politique par voie de presse est un instrument intéressant pour le marketing politique. L'achat d'un espace publicitaire dans un journal peut servir soit à appeler à voter pour un candidat, soit à publiciser ses points de vue ou encore formuler des vœux pour la

33 Nous ne reviendrons pas sur la politisation des conseils d'administration de ces radios qui ont suscité pas mal de réactions. Notons qu'un des élus est cofondateur d'une radio et le frère en est le président. Une autre élue fait d'ailleurs partie du Conseil d'administration de l'une des radios.

nouvelle année. La presse non partisane concerne tant les journaux payants que les toutes-boîtes gratuites (34).

Généralement, le parti insère à ses frais une annonce avec la liste de tous les candidats. En cas de victoire, le parti remerciera les électeurs. Mais aucun élu d'origine maghrébine n'a inséré d'annonce personnelle à ses propres frais. Nous avons seulement le cas d'un élu qui transmet des vœux lors de la nouvelle année.

3.3 *Les méthodes du marketing direct et les « nouveaux médias »*

Pour terminer ce chapitre, nous allons évoquer dans ce point deux types d'instruments : les méthodes du marketing direct et ce qu'on peut appeler les « nouveaux médias ». La particularité de cette troisième catégorie d'instruments est la constitution d'une base de données. L'établissement de fichiers établi à partir du bottin, des annuaires professionnels, des registres de la commune est une tâche efficace pour envoyer des courriers personnalisés, des e-mails et pour téléphoner. Les méthodes du marketing direct sont les moyens où l'électeur est directement interpellé par le biais des rencontres, des lettres personnalisées ou des contacts téléphonique. Les « nouveaux médias » sont, eux, synonymes des technologies récentes utilisées pour la campagne électorale. Internet en est un bon exemple. Nous avons également repris les SMS comme étant un instrument en plein essor dans la campagne alors n'a été repris par aucun ouvrage traitant de la communication politique, de par la nouveauté de ce moyen.

3.3.1 *Les lettres personnalisées*

L'envoi de lettres personnalisées s'inspire du marketing commercial et plus précisément de la vente par correspondance. Cette méthode consiste à envoyer des courriers personnalisés à un grand nombre de personnes présélectionnées selon différents critères. Ce procédé coûteux a pour objectif d'atteindre une certaine proximité et de renouer avec le citoyen. L'intérêt des courriers personnalisés est de s'adresser directement au destinataire en mentionnant son nom dans

34 Tels que le *Vlan* ou le *Passe-Partout*.

la lettre de manière à le sortir de l'anonymat. Ainsi, l'électeur se sent directement concerné par le courrier ce qui le rend donc plus réceptif au message transmis. Les textes seront bien évidemment adaptés et envoyés en fonction des différentes cibles qui tiendra compte des caractéristiques socioculturelles, telle que l'âge, le sexe ou encore la profession (indépendants, commerçants, ouvriers, etc.).

Aussi, les élus, vont par la suite, envoyer des courriers souhaitant des vœux pour la nouvelle année, pour divers événements, ce qui a pour conséquence un sentiment de proximité et de familiarité pour celui qui reçoit les lettres. Ceci étant dit, nombreux sont les inconvénients notamment l'investissement financier : le coût élevé des frais d'envoi et d'impression mais aussi l'investissement en terme de temps causé par l'encodage des différentes adresses, la mise sous enveloppe, etc.

Près de la moitié des élus interrogés n'a pas envoyé de courriers personnalisés lors de la dernière campagne électorale. Les autres élus envoient entre 300 et 7.000 courriers. Ce nombre varie en fonction de la priorité qu'accordent les candidats à cette méthode.

> « *Comme je n'ai pas vraiment de réseau, je mise beaucoup de moyens sur les timbres et les lettres personnalisées accompagné d'un dépliant* », Élu n° 13.

3.3.2 Le marketing téléphonique (35)

Le marketing téléphonique consiste de la même manière que l'envoi de courriers personnalisés, à s'adresser à des électeurs de manière personnelle par téléphone afin de les convaincre de voter pour le candidat. Ce procédé est rapide et en même temps efficace car il permet d'établir une interaction entre le militant qui téléphone et l'électeur qui répond.

Le principal inconvénient est l'investissement au niveau financier et du temps consacré qui sont assez important. Très peu d'élus

35 Il faut souligner l'interdiction par la loi sur les dépenses électorales des campagnes par téléphone. Voir l'article 7 de la loi du 7 juillet 1994.

utilisent le moyen téléphonique si ce n'est pour convier des proches à des soirées électorales ou pour prévenir des amis qu'ils seront candidats afin de bénéficier de leur soutien.

3.3.3 *Internet*

Philippe J. Maarek classe les sites internet en trois catégories (2001, p. 244) :

- les sites crées pour les campagnes électorales ;
- les sites permanents des partis politiques « traditionnels » ;
- les sites des groupes de pression et partis « marginaux ».

À cette typologie, nous nous permettons d'ajouter les sites web consacrés au candidat qui comportent ses éléments biographiques, ses projets politiques, ses activités antérieures, ses photos et parfois d'autres éléments tels qu'un forum, un agenda, une rubrique permettant de le contacter.

Lorsque nous parlons de l'outil internet (36), il s'agit dans cette recherche, tant des sites web des candidats et des partis politiques mais aussi des courriers électroniques utilisés comme moyen pour faire campagne. L'avantage du site web, que ce soit du parti ou plus particulièrement du candidat, est qu'il permet à chaque internaute sensibilisé par les enjeux électoraux de surfer à sa guise pour chercher les renseignements utiles pour son choix de vote. Internet permet de renseigner mais aussi de diffuser. On peut constater, en effet, que les campagnes électorales virtuelles commencent à se développer particulièrement lors des élections de juin 2004 où des appels au vote pour des candidats ont pu être observés par le biais de listes de diffusion par courriel. L'envoi d'e-mail est un instrument complémentaire à d'autres. En effet, il ne faut pas perdre de vue qu'une partie non

---

36 Pour en savoir sur la campagne électorale et internet, une analyse des sites web des partis politiques belges francophones particulièrement intéressante figure dans ce lien : http://politique.xmsites.com/update1.htm. D'ailleurs, un article montre un sondage où 60 % des surfeurs consultent les sites internet des candidats pour se faire une opinion avant de voter. Les sites internet des partis modifient le vote, *La Libre Belgique*, 8 juin 2004.

négligeable de l'électorat n'est pas concerné par ce mode de diffusion. L'inconvénient d'internet est que tout le monde n'est pas équipé, seule une partie de la population a accès à ce média.

Avec les entretiens, on se rend bien compte de la nouveauté que représente le site internet pour les candidats. Il n'est souvent pas pris en considération dans la campagne électorale (37).

Moins de la moitié des élus interrogés disposent d'un site internet. Un élu possède même un blog mais opérationnel depuis peu. Les autres élus qui n'ont pas de site web ont soit le nom du domaine mais le site web n'est pas encore activé soit c'est parce qu'ils ne croient pas trop en l'efficacité de ce moyen. D'autres encore émettent le regret de ne pas avoir constitué de site, et remettent en cause leur jugement. Pour ce qui est de l'efficacité du site, une élue nous confie que sa campagne s'est principalement basée sur ce mode de communication et que cela a été assez efficace pour elle :

> « *J'ai beaucoup travaillé avec le net durant la campagne. Il y avait des animations vocales sur mon site où je pouvais échanger avec les surfeurs. On a comptabilisé un grand nombre de visiteurs d'ailleurs* », Élue n° 6.

3.3.4 *Les SMS*

Lors de la dernière campagne électorale de 2004, nous avons pu constater l'usage d'un nouvel instrument : le SMS. Ce mode de diffusion d'un texte écrit par téléphone portable est un phénomène tellement récent qu'aucun ouvrage traitant du marketing politique n'en fait mention. Nous avons rajouté cet instrument car ce vecteur a été fortement mobilisé pour quelques élus, la veille, voir le jour même des élections et pourrait donc influencer les électeurs indécis. Concrètement, ces SMS consistent à lancer un appel de soutien en faveur d'un candidat. D'autres types de SMS appellent au contraire à ne pas voter pour tel parti au nom de certaines de ses prises de positions : la

37 Par ailleurs, les élus d'origine marocaine ont été pour la plupart interrogés sur un des sites de référence de la communauté marocaine de Belgique : www.wafin.be.

question du voile, du conflit israélo-palestinien, etc. On assiste ainsi à une « guerre de texto » lancée par les partisans d'un candidat en campagne électorale.

Ses effets peuvent être considérables car comme nous confie une élue :

> « *Ce qui a beaucoup marché pour moi, c'était les SMS lors de la dernière semaine avant les élections. Les jeunes en diffusaient pas mal* », Élue n° 8.

4. Conclusion

Pour terminer ce second chapitre, nous conclurons par le fait qu'il existe plusieurs stratégies de marketing politique et que celles-ci varient selon les différents auteurs. L'un des constats est que l'efficacité d'une campagne électorale ne réside pas uniquement dans l'investissement financier mais plutôt dans la stratégie et la pertinence des différents instruments mis en œuvre car tous les moyens sont complémentaires et ne doivent pas être négligés. D'autant plus que ce qui compte véritablement, c'est la constance de la présence tant durant la campagne électorale que dans le quotidien des citoyens.

Nous avons essayé de mesurer l'utilisation des théories issues du marketing politique par les candidats d'origine maghrébine et nous constatons que de manière générale, les élus d'origine maghrébine, à une exception près, ne font pas appel aux professionnels de la communication politique permettant de développer de réelles stratégies. Ceci étant dit, comparativement aux précédentes élections, on assiste à une tendance vers la professionnalisation des outils utilisés, notamment par la conception des affiches et tracts qui sont de meilleure qualité, et par une plus grande diffusion qui s'est illustrée notamment par le surcollage dans certains quartiers. La compétition électorale entre les candidats d'origine maghrébine (38) a été relativement importante lors de la campagne électorale de 2004 et s'est traduite par conséquent par une plus grande visibilité.

---

38 Tant entre candidats des différentes listes qu'à l'intérieur de la même liste où la concurrence était encore plus rude.

CHAPITRE III

LES ÉLUS BELGES D'ORIGINE MAGHRÉBINE ET LA MOBILISATION DES RÉSEAUX SOCIAUX

Dans ce dernier chapitre, les théories et les concepts de la sociologie des réseaux sociaux seront utilisés afin d'évaluer le rôle des différents réseaux pour mesurer leur influence dans la campagne électorale. Cette partie permettra de vérifier l'hypothèse de départ qui consiste à déterminer le rôle des réseaux ethniques dans la campagne électorale.

Dans un premier temps, la sociologie des réseaux sociaux va servir de cadre théorique pour analyser l'objet d'étude. Le défi sera de baser cette étude sur les réseaux et d'établir leur influence dans les stratégies développées par des élus d'origine maghrébine lors des campagnes électorales. Cette grille d'analyse mobilise des concepts tels que capital social et réseau social utiles à la compréhension des stratégies mobilisées. Ensuite, après avoir expliqué le cadre théorique, une catégorisation des différents réseaux sera proposée qui distinguera les réseaux classiques, les réseaux ethniques et les réseaux d'acteurs sociaux. Cette typologie purement intuitive est avant tout basée sur l'observation et l'analyse des entretiens. Enfin, nous développerons la mobilisation des réseaux d'acteurs sociaux de la campagne électorale.

1. Les concepts de la sociologie des réseaux sociaux

La sociologie des réseaux sociaux (P. Mercklé, 2004), également dénommée « analyse structurale » ou « analyse des réseaux sociaux », mobilise des concepts tels que réseau et capital social ou sociabilité (39), qui sont de plus en plus utilisés dans les ouvrages et articles de sociologie. Mais les théories liées aux réseaux sociaux ont été très peu mobilisées pour étudier le processus d'intégration de la deuxième génération (S. Feld, A. Manço, 2000, p. 111). L'un des intérêts de la sociologie des réseaux sociaux réside dans le fait qu'elle considère les relations, les interactions comme étant un facteur explicatif en soi des phénomènes sociaux, elle opte ainsi pour une catégorisation basée principalement sur les relations à partir de l'observation et non pas pour les catégorisations habituelles de la sociologie classique (âge, genre, profession, etc.).

La relation entre les acteurs étant le cœur de la théorie des réseaux, les liens qui les fondent peuvent être de natures diverses. C'est d'ailleurs la raison pour laquelle nous n'allons pas nous attarder sur les caractéristiques personnelles des élus, mais plutôt nous concentrer sur les relations qui existent entre eux et l'électorat afin de dégager ainsi les logiques communes et les effets de ces relations sur leur campagne électorale. Ainsi, les ensembles de relations entre personnes (élus d'origine maghrébine et électorat) et non entre groupes sociaux seront étudiés même s'il aurait été intéressant d'analyser les relations entre différents groupes (40) afin de mettre en exergue les tendances communes et les différences.

---

39 Nous n'allons pas pouvoir aborder le concept de sociabilité même si cet indicateur pourrait avoir une influence déterminante dans la campagne électorale dans la mesure où elle est considérée comme une ressource individuelle, comme le résultat de stratégies mises en œuvre par les élus. De la même façon, nous n'allons pas nous aventurer dans la sociométrie, par l'intromission des graphes, qui a une place importante dans la sociologie des réseaux sociaux.

40 Cet exercice a fait l'objet de travaux mené par D. JACOBS et M. SWYNGEDOUW en comparant Turcs et Marocains.

1.1 *Réseau social. Un concept incontournable*

Ce concept est au cœur de notre question de recherche. Un réseau social (41) est composé d'un ensemble d'« unités sociales » (P. Mercklé, 2004, p. 4) qui ont des relations entre elles qui sont définies comme étant des « interactions sociales ». Les unités sociales peuvent être les élus d'origine étrangère, mais aussi des groupes, tels que des associations ou des groupes informels. Il n'est pas toujours aisé de définir un réseau dans le sens où il n'est pas délimité par des frontières clairement établies. Par conséquent, la catégorisation des réseaux que nous allons entreprendre pour cette étude relève d'un choix méthodologique qui part d'une certaine observation qui nous permettra ainsi de fixer les « frontières » des réseaux (42).

En soi, le réseau de relations sociales d'un candidat est une ressource propre, très importante dans une campagne électorale. Le capital social d'un individu signifie justement cette ressource composée d'individus sur qui on peut compter, un réseau de relations sociales. Cette notion peut désigner une certaine conception utilitariste des relations humaines qui correspond assez bien au jeu électoral. Nous développerons ce concept de capital social dans le prochain point (43). Il est difficile de marquer une frontière nette entre les deux concepts. Cette citation à elle seule illustre la complexité de la distinction entre ces deux notions : « (…) le capital social correspond, par définition, à des réseaux ainsi qu'à des normes, valeurs et convictions

---

41 À titre indicatif, la notion de réseau social fait son apparition en 1954 dans un article de J.A. BARNES. Depuis lors, cette notion est de plus en plus utilisée pour parler des relations entre les individus ou les groupes sociaux.

42 Malgré la pertinence du concept, il faut prendre quelques précautions lors de son usage. En effet, il serait réducteur de limiter toutes les relations strictement dans le cadre des réseaux sociaux dans la mesure où il y a des personnes qui ne font pas partie de réseaux. Aussi, « (…) la passivité peut constituer une forme de résistance en attendant une amélioration de la structure des opportunités politiques » (M. MARTINIELLO, 1998b, p. 123).

43 Malgré une certaine confusion entre le concept de « capital social » et de « réseau social », souvent superposé, nous avons préféré distinguer ces points car ils ont une signification propre.

communes. Les réseaux renvoient au comportement objectif d'acteurs qui mènent une activité en association. » (OCDE, 2001, p. 47).

Le réseau a une importance particulière pour les personnes d'origine étrangère (44) car il peut notamment permettre la concrétisation d'un projet car « (...) pour des élites qui n'ont pas hérité leur position ou qui n'ont pas réalisé de projet fort, un réseau peut constituer le facteur le plus important de leur émergence, même si leurs compétences étaient quant à elles déjà bien là » (F. Dassetto, B. Trivelin, G. Bajoit, 2003, p. 105).

1.2 *Capital social : « Avoir des amis, c'est avoir du pouvoir »*

Il existe autant de définitions du capital social qu'il existe d'ouvrages ou d'articles traitant de la question (45). Le concept semble confus et polysémique (46). Nous n'allons pas reprendre toutes les définitions qui ont été citées (47) parce que la diversité des approches rend la tâche ardue, toutefois, celle de Pierre Mercklé résume bien l'idée du concept pour qui, le capital social est « l'idée selon laquelle le réseau de relations d'un individu peut constituer pour lui une forme spécifique de ressources (...) » (P. Mercklé, 2004, p. 54).

Le concept de « capital social » est de plus en plus utilisé dans les travaux de sociologie, de sciences économiques et également de

---

44 À ce propos, un article pose la question de la représentation de la notion de « réseau social » dans une perspective migratoire. Une distinction intéressante est d'ailleurs établie dans ce cadre entre réseau formel et informel (M.-A. HILY, W. BERTHOMIERE, 2004).

45 Nous n'allons pas nous arrêter sur l'historique du concept, attribué notamment à A. de TOCQUEVILLE avec son ouvrage *De la démocratie en Amérique* où il analyse le rôle des associations dans la démocratie. Mais aussi à M. WEBER lorsqu'il a séjourné aux États-Unis et qu'il étudie le rôle des sectes. Pour plus de détails, voir l'article de M. LALLEMANT, 2003.

46 Tenter de donner une définition unique du capital social est sans aucun doute une entreprise vouée à l'échec puisque les différents auteurs qui définissent le concept de capital social se placent à des niveaux de généralité et d'abstraction de la réalité sociale différents.

47 Parmi les auteurs, on trouve J. COLEMAN, R. PUTNAM, P. BOURDIEU, M. GRANOVETTER, WASSERMAN et FAUST, A. DEGENNE et M. FORSÉ, etc.

sciences politiques car il est considéré comme une véritable variable explicative des comportements d'acteurs individuels, dans notre cas, des élus d'origine maghrébine. Cette idée ancienne qu'on retrouve chez Hobbes dès 1651 « Avoir des amis, c'est avoir du pouvoir » (A. Degenne, M. Forsé, 1994, p. 135) permet de comprendre comment les candidats peuvent atteindre le plus efficacement possible leur objectif, qui est de mobiliser un maximum de voix dans la mesure où les relations sociales peuvent être considérées comme des possibilités de mobiliser des ressources.

P. Bourdieu qui distingue trois formes de capital (48) a développé l'idée du capital social comme étant « l'ensemble des ressources actuelles ou potentielles qui sont liées à la possession d'un réseau durable de relations plus ou moins institutionnalisées d'interconnaissance et d'interreconnaissance » (P. Bourdieu, 1980, pp. 2-3). Nous nous baserons sur cette définition pour aborder le capital social (49) car la définition du sociologue (50) met l'accent sur les relations

48 Aux concepts de capital social, économique et culturel tels que défini par P. BOURDIEU, s'ajoute un autre capital qu'il faut distinguer : le capital humain qui réside dans l'individu alors que le capital est dans les relations sociales entre les individus. Le capital humain est défini par les qualités de l'individu, ses connaissances, ses compétences, ses caractéristiques individuelles. Le capital social se définit, lui, par les relations sociales et il est comme une ressource dans laquelle l'individu investit du temps et de l'énergie.

49 Comme le souligne A. DEGENNE, c'est cette définition qui est également souvent reprise par les sociologues analystes des réseaux sociaux. Aussi, nous n'allons pas nous étendre sur les différentes définitions du capital social. L'intérêt de celle de Bourdieu est qu'elle fait du capital social, un bien collectif, un produit de stratégies d'investissement destinés à instituer ou à reproduire des relations (familles, voisinage, ami, etc.) « rentables » pour celui qui investit. Pour terminer, on ajoutera également que P. BOURDIEU a très peu utilisé le concept de capital social.

50 P. BOURDIEU donne également une autre définition du capital social : « Le capital social est la somme des ressources, actuelles ou virtuelles, qui reviennent à un individu ou à un groupe du fait qu'il possède un réseau durable de relations, de connaissances et de reconnaissances mutuelles plus ou moins institutionnalisées, c'est-à-dire la somme des capitaux et des pouvoirs qu'un tel réseau permet de mobiliser. Il faut admettre que le capital peut prendre une diversité de formes si l'on veut expliquer la structure et la dynamique des sociétés différenciées », (P. BOURDIEU, 1992, p. 95).

personnelles, et plus précisément sur celles qui peuvent aider en cas de besoin. Il s'intéresse donc davantage aux bénéfices que les individus peuvent tirer du capital social pour eux-mêmes. D'ailleurs, P. Bourdieu parle de « forme particulière de travail social, qui suppose une dépense d'argent, de temps et une compétence spécifique » (1984, p. 56). L'exemple classique de la traduction concrète du capital social est la recherche d'un emploi par la mobilisation des « réseaux de relations » développés. Dans le cas d'une campagne électorale, le capital social d'un candidat a une importance majeure dans la mesure où la perspective d'une vision utilitariste des relations humaines est envisagée car la finalité est d'engranger un maximum de voix.

Mais comment peut-on mesurer le capital social d'un élu d'origine maghrébine ? Il est assez difficile de mesurer le capital social. Il y a un défi méthodologique dans la définition des indicateurs du capital social. Ce que l'on peut mettre en place pour mesurer le capital social dépend évidemment du point de vue qu'on adopte et de la définition qui en découle (51). Il est en effet ardu d'établir une quantification du capital social car il s'agit de tenir compte d'un maximum d'interactions au sein de différents réseaux. De plus, il est possible d'identifier plusieurs types de capital social tels que le capital social familial, professionnel, amical, etc. (Bucolo, 2000). On peut donc notamment le mesurer par l'engagement associatif (52) de l'individu, par la taille de sa famille, par son expérience professionnelle, par son militantisme politique, etc.

---

51 Il y a trois niveaux de compréhension du concept de capital social : macro, méso et micro. Pour plus de détails, voir l'article de A. DEGENNE, 2000.

52 R. PUTNAM (1993) a analysé le capital social dans différentes régions d'Italie. Il constate que le capital social constitué par différentes associations favorise la création de réseau, des liens d'attachement, le sentiment d'appartenance, qui, en somme, participe d'une action collective permettant une meilleure efficacité dans la mobilisation. C'est exactement ce qu'on retrouve dans la participation citoyenne des individus et des groupes de la communauté maghrébine. Le capital social bénéficie à l'individu personnellement mais il peut également être source d'avantages pour les autres membres de sa communauté. Pour plus de détails, voir l'article de M. FORSÉ, 2000.

De plus, il ne suffit pas de voir le nombre de personnes que l'élu porte à sa connaissance, il faut que ces personnes soient « mobilisables » si besoin est, par exemple, pouvoir compter sur eux lors de la campagne électorale afin qu'elles incitent les autres à voter pour le candidat. Donc, le capital social ne dépend pas simplement des personnes, il dépend surtout de leur mobilisation qu'elle soit directe ou indirecte (53). Cette idée sera cruciale pour comprendre la campagne électorale des élus d'origine maghrébine dans la mesure où une grande partie de leur succès dépendra de ce capital social. Par conséquent, plus la taille du réseau sera grande, plus la multiplication des relations sera importante, plus l'efficacité sera de mise lors de la campagne électorale et donc plus de chances pour être élu.

2. Les réseaux sociaux classiques

Nous entendons par réseaux sociaux classiques, les réseaux mobilisés par tous les candidats aux élections sans aucune distinction d'origine, qui mobilisent des canaux ordinaires pour faire campagne. Les réseaux sociaux ethniques que nous développerons dans le point suivant sont, par contre, spécifiques à la communauté d'origine maghrébine.

Nous allons donc reprendre les réseaux sociaux classiques d'une campagne et tenter de voir dans quelle mesure ces indicateurs seront ethnicisés par les élus belges d'origine maghrébine.

Il faut préciser qu'aucun ouvrage n'a systématisé les réseaux classiques mobilisés dans le cadre de la campagne électorale et que les ouvrages de marketing politique n'abordent l'un ou l'autre réseau qu'à titre illustratif.

Vincent Lemieux (1999) a élaboré une typologie de différents réseaux (54). Nous avons essayé de transposer cette catégorisation

53 On entend par mobilisation indirecte le fait que les personnes mobilisées vont elles-mêmes faire appel à leur capital social, à leur relation pour pouvoir aider le candidat.

54 L'auteur propose dans son ouvrage différents types de réseaux : 1) les réseaux de communication, qui ont pour finalité de transmettre de l'information ; 2) les réseaux

dans notre cas d'étude mais cela s'est avéré infructueux. Nous avons donc créé notre propre catégorisation en nous basant sur l'observation ainsi que sur cet auteur incontournable de l'analyse structurale. De sa typologie, nous avons repris : les réseaux de parenté, les réseaux marchands, les réseaux de clientélisme. À cela, nous avons rajouté : le réseau syndical, le réseau sportif et le réseau associatif. Nous développerons chaque réseau de manière générale, ensuite nous verrons dans quelle mesure ces indicateurs ont été utilisés par les élus d'origine maghrébine lors de la campagne électorale.

2.1 *Le réseau de parenté*

Les réseaux de parenté sont constitués de la famille, source première du capital social. Lemieux définit les réseaux de parenté comme étant un « ensemble de liens de consanguinité et d'alliance (ou d'affinité), socialement construits, qui ont trait de quelque façon à la reproduction humaine » (1999, p. 35).

En ce qui concerne la composition de ce réseau, il est constitué d'abord par la famille nucléaire, puis par la famille élargie et enfin par les familles dites « amies » dont le point commun est l'appartenance à la même communauté. Les relations de voisinage peuvent aussi se transformer en relation qualifiée de quasi familial (55). Aussi, « la famille crée des normes et des liens sociaux et constitue un réseau

---

de parenté, qui consistent dans des transmissions de ressources relationnelles et statutaires ; 3) les réseaux d'affinité, ce sont ceux qui relient les amis, les voisins et les proches sans être apparentés ; 4) les réseaux de soutien, lieu de transmission des ressources matérielles, relationnelles ou informationnelles au bénéfice des personnes qui en ont besoin ; 5) les réseaux marchands, basés sur des relations marchandes constitués autour d'un commerçant et de sa clientèle ; 6) les réseaux de mobilisation, où des acteurs mobilisent des relations qu'ils ont avec d'autres acteurs ; 7) les réseaux d'entreprises ; 8) les réseaux concernant les politiques publiques et 9) les réseaux de clientélisme.

55 À ce propos, nous n'aborderons pas la mobilisation du voisinage dans la campagne électorale même s'ils peuvent jouer un rôle relatif. « Les normes de solidarité quasi-familiales s'illustrent particulièrement dans les relations de voisinage, sur la base desquels peuvent se créer des liens de parenté fictifs » (M.-A. HILY, P. POUTIGNAT, 1998, p. 16).

social qui est source d'avantages pour ses membres » (OCDE, 2001, p. 52) surtout pour les grandes familles. Parmi ses avantages, il y a notamment les soutiens d'ordre matériel et affectif qui sont des ressources non négligeables.

Certaines familles immigrées ont des ressources importantes en termes de capital relationnel. Parfois, la fonction du père (qui peut être imam, maraîcher, commerçant, militant...) permet le développement d'un important capital relationnel. C'est donc avant tout la structure des réseaux dans lesquels chaque personne est insérée et la capacité à les utiliser qui se révèlent déterminantes (E. Santelli, 2001, p. 140).

La représentation de la famille dans les communautés originaires du Maghreb est d'une grande importance. C'est l'une des raisons pour lesquelles ce réseau est le premier à se mobiliser lors de la campagne électorale. Il y a les frères et les sœurs ; les cousins, cousines ; les oncles et tantes ; sans compter la famille par alliance, les amis de la famille.

Un tiers des élus interrogés n'ont pas de famille résidant en Belgique. Mais pour ceux qui avaient de la famille en Belgique, les élus interrogés ont affirmé l'importance de cette mobilisation familiale lors de la campagne électorale. Cela étant, le constat est que ce qui est avant tout déterminant, ce n'est pas le nombre de frères et de sœurs mais c'est plutôt le degré de politisation de la famille qui va jouer un rôle influent. Un élu peut avoir huit frères et sœurs, mais s'ils ne sont pas mobilisés durant la période préélectorale, ce réseau ne sera que très peu influent dans la campagne. Par contre avoir trois frères et sœurs engagés s'avèrera plus déterminant.

> « *On est huit frères et sœurs, mais quatre sont mariés avec des filles qui viennent du Maroc ou avec des personnes d'ici mais dont l'esprit est très limité. Chacun est pris par sa petite vie. J'ai un seul frère qui a un petit réseau à Uccle* », Élu n° 1.

> « *Ma famille a joué un grand rôle dans la campagne. On est quatre enfants (ma sœur est médecin, mon frère psy et mon*

petit frère, il est plus sur le terrain. Mais il y a aussi les cousins, les tantes, les oncles, etc. Ma mère a son réseau de femmes et mon père, c'est plutôt la mosquée. Et puis, il y a les cousins qui sont tous des gens de terrain », Élu n° 10.

Le réseau de parenté peut lui-même avoir des connexions avec d'autres réseaux : cela augmente le nombre de liens ainsi que les chances de réussir une campagne.

« *J'allais voir ma famille et je leur donnai des tracts, et chacun disait que je vais aller travailler sur Forest, sur d'autres communes. Il y a aussi la famille qui donne aux amis (…). Ma famille travaille un peu dans tous les milieux, avec leurs réseaux. Il y a des sportifs, des communicateurs, certains étaient dans le monde associatif, d'autre dans des milieux de femmes. Et puis il y a les belles-sœurs, les beaux-frères, les cousins, cousines, les tantes, etc.* », Élu n° 2.

2.2 *Le réseau marchand*

Sur ce point, V. Lemieux (1999, p. 76) prend l'exemple du commerçant que tous les clients connaissent intimement. Le lieu d'achat et le lieu de consommation peuvent être des moments de rencontres, des moments d'échange et de discussion. Nous avons considéré les commerces et les marchés ambulants comme faisant partie du réseau marchand. Comme l'objectif de ce point est de voir dans quelle mesure les réseaux classiques sont ethnicisés (56) par les candidats d'origine maghrébine, nous évoquerons aussi les activités commerciales ethniques. A. Pécoud relève qu'« on utilise par exemple fréquemment l'expression "commerces ethniques". L'insistance sur cette notion repose sur le rôle essentiel que jouent les liens commu-

---

56 Sur la question de l'ethnicité dans le domaine marchand, certains n'hésiteront pas à poser la question de l'existence de métiers ethniques. À cela, l'étude dirigée par C. WIHTOL de WENDEN dira qu'il n'existe pas de métiers ethniques mais parlera plutôt d'ethnicisation du secteur marchand dans un contexte particulier de mondialisation (2003).

nautaires dans le fonctionnement des économies immigrées (...) » (2004, p. 13).

Les structures commerciales, réseau classique dans la campagne électorale, sont d'une grande importance dans les communautés immigrées car elles créent du travail et permettent également de financer certains projets.

Dans sa typologie consacrée à la vie associative des migrants, M. Martiniello met en évidence ce qu'il appelle les « associations orientées vers le profit économique » qui joue un rôle dans la vie sociale des personnes immigrées et d'origine immigrée malgré leur vocation principalement commerciale. En effet, il s'agit pour lui, de « toute entreprise qui fournit un service rémunéré particulier à la population d'origine étrangère tout en lui offrant un forum de vie sociale » (1995c, p. 43). Il cite comme exemple : les agences de voyages, les cafés (57) et restaurants, les magasins, les bureaux d'assurance. À cela on ajoutera les salons de coiffure, les marchés ambulants, les boucheries Halal, les poissonniers, les bazars, les téléboutiques, les snacks et les épiceries. Il y a aussi d'autres secteurs investis par les personnes d'origine maghrébine. L'exemple des chauffeurs de taxi en Région bruxelloise est assez révélateur. Un article de la *Nouvelle Tribune* montre que ce métier, souvent exercé de père en fils, est constitué entre 35 % et 60 % par des étrangers (58) (H. Ben Salah, 1994, pp. 46-47).

Il faut savoir que certains groupes à l'intérieur même de la communauté maghrébine se sont spécialisés dans certains secteurs commerciaux. Le cas des « Souss », de la région du Sud marocain, s'est fait par exemple une spécialité de l'alimentation générale (E. Ma Mung, M. Guillon, 1986). Aussi, de nombreuses familles rifaines se sont lancées dans la vente de fruits et légumes dans les marchés. La

---

57 Pour ce qui est des cafés tenus par des patrons d'origine marocaine, nous les avons catégorisés dans les associations et pas dans le réseau marchand pour leur objectif à vocation sociale.

58 Un député bruxellois d'origine marocaine avait notamment créé sa propre entreprise de taxis où il était à la fois gérant et chauffeur.

particularité des marchés est qu'ils sont un lieu incontournable de la campagne électorale où la présence des candidats est assez importante pour y distribuer des tracts.

En tant que réseau, les commerces peuvent jouer un rôle dans la campagne de plusieurs manières. Ils peuvent être considérés comme des relais dans la publicité du candidat notamment par l'affichage et le dépôt de tracts. Certains commerces offrent leur vitrine à tout candidat sans distinction. D'autres par contre, n'acceptent l'affiche que d'un seul candidat, celui qu'ils soutiennent. D'autres encore, refusent tout affichage. Dans tout les cas, l'aide principale des commerçants dans la campagne électorale se situe principalement au niveau de l'affichage.

> « *Le seul soutien qu'on a eu des commerçants, c'est le fait de pouvoir apposer des affiches. Après les élections, j'ai refait toute la chaussée de Gand et la rue de Brabant pour décoller les affiches et pour les remercier* », Élu n° 13.

Certains commerçants peuvent aussi être considérés comme des pourvoyeurs de fonds, aidant ainsi le candidat à financer la campagne.

> « *Le snack X m'a donné une enveloppe, la famille Y connue pour les marchés m'a aussi aidé financièrement. C'est leur façon de dire qu'ils croient en moi* », Élu n° 1.

Cette aide aussi peut se traduire par des services offerts :

> « *Une femme que je connais et qui a le célèbre snack Z m'a filé la salle et m'a offert la bouffe* », Élu n° 10.

2.3 *Le réseau syndical*

Un certain nombre de candidats aux élections régionales avaient milité dans des structures syndicales avant de se lancer en politique. L'engagement syndical fut l'un des premiers jalons posés dans l'histoire du militantisme maghrébin, et ce dès les années 1960 et

1970 (59). Mais contrairement à ce qu'un certain nombre d'observateurs pourrait supposer, les syndicats n'ont joué qu'un faible rôle dans le soutien en faveur d'un candidat.

Sur l'ensemble des députés bruxellois d'origine maghrébine interrogés, près de la moitié des élus n'ont eu aucun soutien syndical. Par contre, un élu sur cinq s'était engagé dans un syndicat :

> « *Je suis déléguée syndicale à la CGSP depuis deux ans, oui, il doit y avoir un soutien, mais rien de très structuré. Par contre au niveau local, dans ma commune, je pense qu'il y a eu un soutien réel sans que je l'aie demandé* », Élue n° 8.

Les autres ont pu recevoir un soutien relatif d'amis syndicalistes.

> « *Je n'ai jamais eu d'appel de syndicats à voter pour moi. Par contre, il y a des dirigeants de syndicats que je connais et qui ont organisé des réunions genre "tupperware" mais avec des gens de tous les partis* », Élu n° 9.

Des sections syndicales ont pu, à partir d'un mémorandum et de revendications, s'organiser pour soutenir un candidat.

> « *Oui, j'ai eu des contacts avec le syndicat, notamment le syndicat de la STIB. J'ai été contacté par le syndicat de la FGTB-CGSP et j'ai été invité à plusieurs reprises. J'ai été invité dans des dépôts de la STIB, c'était un véritable interrogatoire. On peut dire qu'il y a eu un réseau syndical qui m'a soutenu, mais je ne sais pas quantifier l'influence exacte que cela a pu avoir* », Élu n° 10.

2.4 *Le réseau sportif*

Les clubs sportifs sont des réservoirs d'électeurs potentiels. On y vient dans un cadre de convivialité, avec des amis, en famille pour voir un match ou assister à un entraînement. Les candidats aux élec-

---

59 Parmi les militants syndicaux d'origine maghrébine, certains de la FGTB ont rejoint le Parti Socialiste et d'autres de la CSC, le Centre Démocrate Humaniste (ex-PSC).

tions peuvent utiliser ces réseaux pour diffuser leurs tracts et faire campagne. Parmi les élus que nous avons interrogés, quatre députés sur cinq ont utilisé ce réseau et ont eu par la même occasion un soutien du monde sportif. D'ailleurs pour quelques-uns d'entre eux, un frère ou un oncle sont engagés dans le milieu sportif :

> « *J'ai un oncle qui est prof de karaté, il a distribué quelques cartes pour moi* », Élu n° 14.

Pour d'autres élus, ce sont les enfants inscrits dans un club sportif qui permettent d'avoir un soutien :

> « *Je ne suis pas un sportif, mais je connais des entraîneurs et mes enfants font partie d'un club. Les parents des amis de mes enfants qui font du sport m'ont soutenu* », Élu n° 5.

De plus, les entraîneurs d'équipe peuvent également avoir une influence sur l'entourage des joueurs (parents, amis, supporters) pour les inciter à voter pour tel candidat.

> « *J'ai un frère dans le monde sportif, mais c'est surtout des amis entraîneurs qui m'ont fait de la pub* », Élue n° 8.

On remarque que souvent des questions de subsides peuvent être la raison du soutien.

> « *Une fois, on m'a appelé pour voir les conditions dans lesquels jouaient de jeunes schaerbeekois. Tout était dégradé et j'ai été fortement sensibilisé par rapport à ça et je leur ai donc trouvé des sous. J'avais oublié cette histoire et c'est eux qui me rappellent et m'apportent leur soutien* », Élu n° 10.

2.5 *Le réseau de clientélisme*

V. Lemieux définit réseaux de clientélisme (1999, p. 113) par un échange de ressources relationnelles, informationnelles, et à l'occasion de ressources monétaires. Les permanences sociales organisées par un certain nombre de mandataires politiques sont le lieu par excellence où des contacts sont développés entre l'homme politique et l'électeur. Il est assez difficile de définir le clientélisme dans le cadre du réseau.

La tâche est encore moins aisée lorsqu'il s'agit de mesurer son influence dans une campagne électorale. Toutefois, une série d'écrits mettent en évidence les relations clientélistes qui existent entre le citoyen et/ou les associations et les partis politiques. À titre d'exemple, certains subsides dépendent d'un parti politique qui est au pouvoir, ce qui dénote « un favoritisme selon lequel le politique arrose des associations relevant de sa sphère d'influence, l'appartenance idéologique l'emportant sur la valeur réelle des actions » (O. Arrijs, 1997, pp. 3-5).

Parmi les élus, certains étaient engagés dans une association qui était proche d'un parti « ce faisant, ils s'insèrent encore plus dans le système de pilarisation clientéliste qui contrôle déjà le secteur associatif subsidié et ses ersatz communaux, créés dans le cadre des « contrats de sécurité » par exemple » (60) (P.-Y. Lambert, 1996, p. 31).

Aussi, les règles déontologiques ne sont pas toujours de mise dans les permanences sociales, dans une interview avec un élu, on peut y lire : « La permanence sociale qui accapare une grande partie de son temps est l'une des voies par laquelle il touche les personnes. (…) Il dit : « grâce à ma position de parlementaire, j'arrive à résoudre certains problèmes. On a parfois besoin d'un coup de pouce pour faire accélérer les choses et les personnes qui viennent me trouver sont contentes de trouver quelqu'un de disponible pour les épauler. J'essaie toujours de donner suite à leurs demandes » (F. Saidi, 1999, p. 75).

Les réseaux clientélistes jouent un rôle majeur dans la campagne électorale. Certains commentateurs n'ont pas hésité à nous confier les dérives clientélistes qui peuvent se produire lors des permanences sociales. Promettre un logement ou un emploi par exemple est monnaie courante durant ces rencontres. Aussi, les associations subsidiées

60 À cela, V. GEISSER ajoute : « Malgré cette attitude de défiance ouverte, ces groupes n'ont jamais pu éviter en pratique de s'engager dans des relations à caractère clientéliste avec la municipalité : paix sociale relative contre emplois jeunes, rénovations de terrain de sport et subventions permettant de faire survivre les clubs de football et de boxe du quartier » (1997, p. 174).

par des partis politiques ont souvent intérêt à se mobiliser électoralement pour le pourvoyeur de fonds s'ils veulent continuer leurs activités (61).

2.6 *Le réseau associatif à caractère généraliste*

Le réseau associatif est par définition assez large, il s'avère donc fondamental de circonscrire cette notion afin de pouvoir mesurer son rôle (62). Pour ce point, nous allons aborder uniquement le rôle des associations de type généraliste. Nous entendons par ce qualificatif, les associations qui ne regroupent pas une communauté en particulier et dont l'objet social n'est pas exclusivement lié à une communauté ethnique (63). Il n'est pas aisé de catégoriser les associations (S. Passaris, G. Raffi, 1984, p. 42). Beaucoup se basent sur la classification élaborée par F. Caroux (1978) qui a distingué trois types d'associations selon qu'elles seraient : revendicatif, gestionnaire et expressif.

Le lien entre réseau social et association est assez ambigu dans la mesure où l'un implique l'autre. En effet, quelle est la différence entre ces deux notions ? Comme le souligne C. Racoule, « Un réseau ne se décrète pas, il se constate ; on n'adhère pas à un réseau, on s'en sert, alors qu'une association est créée par la volonté de quelques individus ». L'intérêt de mentionner le mouvement associatif est qu'il a souvent servi de tremplin pour les personnes d'origine étrangère vers une implication politique au sein des institutions belges.

---

61 Il est difficile d'établir clairement les dérives clientélistes mais plusieurs témoignages abondaient dans ce sens.

62 D'emblée, précisons que dans cette partie, nous exclurons les associations dites ethniques. Ce point sera traité dans le point consacré aux réseaux classiques ethniques. De manière générale pour l'association, nous reprenons la définition de A. MEISTER, « l'association est un groupement basé sur le recrutement volontaire et la mise en commun de la part des membres de leurs connaissances ou de leurs activités dans un autre but que de partager des bénéfices » (1972, p. 15).

63 Les associations dont l'objet social est lié à la communauté maghrébine seront traitées dans le point consacré aux réseaux ethniques.

Parmi les élus interrogés, nous avons constaté qu'ils ont tous été engagés (chacun à leur manière) au niveau associatif. Que ce soit dans le cadre d'ASBL officiellement reconnues ou d'associations de fait mais avec un point commun : l'engagement dans des structures non ethniques. Cela étant, le soutien des associations dans la campagne électorale est à relativiser. En effet, les élus nous font remarquer que si soutien il y a, il ne vient pas de l'ensemble de la structure mais plutôt d'individus engagés au sein de l'association.

> « *Je ne pense avoir bénéficié du soutien des associations, même là où j'ai été membre fondateur. J'y suis invité lors des débats mais je n'étais jamais le seul, il y avait des représentants d'autres partis qui y participai*ent », Élu n° 2.

D'autres expliquent le soutien de quelques associations par leur engagement associatif. Quelque part, leur engagement est considéré comme une reconnaissance dans la campagne électorale. Certains parlent même de légitimité.

> « *J'ai eu un soutien énorme du monde associatif ! J'ai travaillé vingt ans dans des structures associatives où j'ai eu des responsabilités. J'ai bénéficié du soutien des personnes qui m'ont vu engagé sur le terrain. Je travaille toute l'année et les gens qui me voient font le relais* », Élu n° 13.

> « *Oui, j'ai beaucoup été soutenue par le milieu associatif. On m'invitait, j'ai été beaucoup interpellée lorsqu'il y avait des débats. J'ai quelque part une légitimité car je suis sur le terrain depuis vingt ans. Je n'ai jamais eu de rupture entre monde associatif et monde politique* », Élue n° 14.

3. Les réseaux sociaux ethniques

La question des réseaux ethniques est le cœur de l'hypothèse de départ. Ces réseaux ont été construits principalement sur base de l'observation et des entretiens. L'objectif est de mettre en évidence des vecteurs de la campagne électorale qui ne sont pas utilisés par les candidats « autochtones » mais qui sont spécifiques aux candidats d'origine maghrébine. Nous avons ainsi distingué plusieurs « sous-réseaux » dans la catégorie des réseaux ethniques : les réseaux claniques, les réseaux associatifs à caractère ethnique, les réseaux religieux et les réseaux de femmes. Aussi, il faut envisager ces différentes variables comme étant isolées et n'ayant pas nécessairement de lien entre elles. L'idée sera donc d'établir dans quelle mesure ces réseaux ont été utilisés dans la campagne. D'emblée, précisons que nous n'allons pas pouvoir développer la question de l'identité ethnique malgré l'importance qu'elle peut jouer dans la mobilisation électorale.

3.1 *Le réseau clanique*

Au sein d'un même groupe ethnique, il peut exister des sous-groupes ethniques. Dans le cas de la communauté marocaine, par exemple, on peut trouver de nombreuses tribus arabes et berbères. Ces derniers parlent des dialectes différents : le tarifit (Rif), le tamazight (Moyen Atlas) et le tachelhit (Haut Atlas et la région du Souss). À Bruxelles, avec les vagues d'immigrations successives, on peut considérer trois groupes importants : les personnes originaires du Rif (eux-mêmes composés de nombreux clans – les Irifyen, les Ikalayen, les Iwayighelen…), les personnes du Nord-Ouest marocain (Tanger et les environs) et les personnes du Nord-Est marocain (Oujda, Berkane). Les Marocains originaires du Centre et du Sud marocain sont moins nombreux à Bruxelles. Les membres des communautés tunisienne et algérienne mobilisent beaucoup moins les réseaux d'ordre clanique. Cela s'explique entre autres par le fait qu'ils sont moins nombreux en Région bruxelloise.

Pour les élus d'origine marocaine, la très grande majorité est originaire de l'un des trois groupes que nous avons défini comme étant important en nombre à Bruxelles, plus précisément : Nador/Hoceima, Tanger/Tétouan et Oujda/Berkane. Même si la plupart se dit foncièrement contre toute forme de régionalisme, la majorité d'entre eux nous confie que l'origine clanique a joué un rôle dans la campagne électorale car il y avait, selon eux, un processus d'identification.

> « *Quand on est dans la politique, il faut jouer la carte de ses atouts. Le fait que je sois femme, que je sois rifaine, ce sont tous des éléments importants. Il faut dire que près de 60 % de la communauté marocaine est rifaine et les gens de cette origine sont contents de se voir représenter. Je le vois quand je parle en rif à la radio* », Élue n° 14.

La connotation du nom de famille, qui est parfois lié à des noms de grandes familles marocaines, a pu jouer un rôle déterminant pour quelques élus interrogés :

> « *Je pense que mon nom de famille a pu jouer. X est un nom connu dans la région du nord, certains se disent alors que c'est quelqu'un de chez nous* », Élu n° 2.

> « *Pour les gens qui connaissaient mon origine, je pense que cela a pu jouer, surtout grâce à mon nom qui vient de la région du Nord-Est marocain. Dans ma commune où il y a beaucoup de gens de Berkane, il est vrai que cela a sûrement joué un rôle* », Élue n° 8.

Par contre pour le petit nombre d'élus interrogés qui ne sont pas originaires de l'un des trois groupes précités, certains considèrent que c'est un handicap par rapport aux autres élus d'origine marocaine dans la campagne électorale. Ceci montre que le réseau clanique peut être un atout déterminant :

> « *Je suis originaire d'une petite ville, Taza, au centre du Maroc. On est très peu en Belgique. C'est quelque chose qui est un manque dans ma campagne par rapport à d'autres* », Élu n° 7.

3.2 *Le réseau associatif à caractère ethnique*

Par réseau associatif ethnique, nous entendons les associations composées de personnes issues d'une origine étrangère et dont les activités sont ciblées pour les personnes de la même communauté.

C'est ce que D. Jacobs appelle la « zelforganisatie » (64). Bien que la Communauté française ait beaucoup de difficultés avec l'idée de réseaux associatifs ethniques, ces structures existent bel et bien. Cette résistance liée aux traditions politiques du pays et marquée par le rejet de toute reconnaissance ethnique, ne peut occulter cette réalité d'autant plus que la vie associative des migrants est l'un des piliers de la participation citoyenne. Comme cité dans le rapport de l'IRFAM sur la vie associative des populations étrangères et d'origine étrangère en Wallonie et à Bruxelles, « elle permet de réussir le dosage savant entre l'expression, d'une part, de l'ethnicité qui produit un sens identitaire, et, d'autre part, de la citoyenneté qui équilibrant la première tendance, génère une réelle participation dans la société » (A. Manço, 2002).

L'association de personnes qui ont des points communs permet de définir un nouveau « nous » par rapport à l'autre, c'est ce qui va notamment motiver certains acteurs associatifs à se mobiliser pour soutenir des candidats d'origine maghrébine. La volonté de porter certaines revendications dans le chef des élus est liée à cette stratégie identitaire. De même que, la volonté de se constituer en groupe de pression, en lobby s'appuie sur cette même logique identitaire.

Dans le réseau associatif à caractère ethnique, nous distinguons les associations constituées en ASBL (association sans but lucratif) et les groupes de fait. Nous reprenons également les cafés et les Amicales, en isolant ces variables pour leur caractère particulier.

3.2.1 Des typologies du monde associatif à caractère ethnique

Il est assez difficile de recouvrir le champ associatif des personnes issues de l'immigration, cela va des mosquées aux cafés, des activités pour femmes, à celles des jeunes, ainsi que des activités sportives aux activités informatiques. En somme, l'absence de critères objectifs pour définir le champ associatif rend l'analyse des réseaux associatifs assez compliquée. À ce propos, à notre connaissance, il existe des

---

64 D. JACOBS définit le concept de « zelforganisatie » comme étant « une organisation qui (1) s'oriente vers un public cible spécifique, (2) dont les administrateurs sont issus du même groupe que le public cible et qui (3) travaille sur base de volontariat.

typologies (65) permettant de catégoriser les associations mais elles se révèlent peu pertinentes avec la réalité du tissu associatif maghrébin.

À titre illustratif, citons la typologie de l'associatif immigré proposé par M. Martiniello (1992, 1995c) qui distingue deux grands types d'associations: d'une part celles qui sont orientées vers le bien-être de la communauté, dans ce cadre, il distingue les associations transplantées du pays d'origine (mosquées, partis politiques, syndicats, etc. du pays d'origine) et les associations nées en Belgique (associations culturelles, folkloriques, sportives, etc.) et d'autre part celles orientées vers le profit économique qui ont un objectif purement commercial mais qui en même temps jouent un rôle social dans la vie communautaire (66).

Un autre exemple est celui de A. Hammouche (2001, pp. 41-53) qui présente dans son article une typologie où il distingue quatre phases de l'associatif maghrébin : 1) le temps des pères ; 2) le temps des fils; 3) le temps des frères ; 4) le temps des mères (67).

---

65 Un essai de typologie est proposé dans le rapport de l'IRFAM sur la vie associative des migrants (2002), mais elle ne nous semble peu pertinente car elle ne recouvre pas tous les secteurs du monde associatif. Une autre typologie proposée par B. KAGNE, qui distingue quatre grands types d'associations africaines, nous permet de nous rendre compte que les dynamiques associatives sont propres à chaque communauté et qu'il est difficile d'établir une catégorisation valable pour toutes les associations de personnes issues de l'immigration (B. KAGNE, 2001, pp. 227-232).

66 Nous n'allons pas reprendre cette typologie des associations du monde immigré car elle ne s'applique que difficilement à notre objet d'étude. De plus, la limite de cette construction théorique est liée au fait qu'elle s'est construite sur base de l'observation de la vie associative des immigrés italiens, et n'est pas vraiment applicable à la communauté maghrébine. Aussi, les associations tournées vers les pays d'origine ne sont plus aussi importantes, on peut en effet constater un changement d'orientation dans les perspectives au niveau des associations. Même les mosquées qui étaient tournées vers le pays d'origine ont abandonné le discours orienté vers le retour et certaines affirment plutôt une participation citoyenne active.

67 Cette catégorisation ne met pas en exergue la diversité des secteurs d'activités au sein même de chacune des phases définies par l'auteur.

V. Geisser (1997), lui, distingue trois types de l'associatif des nouvelles générations maghrébines : « les associations de quartier, dont l'action se limite à la cité ou à un ensemble d'immeubles ; les associations locales, qui agissent à l'échelle de la commune ou de l'agglomération; les associations nationales, dont la raison d'être est moins de socialiser les populations que de faire du lobbying auprès des pouvoirs publics » (68) (1997, p. 167).

Enfin, H. Bousetta propose quant à lui une typologie qui distingue six types d'associations dans l'immigration mais celle-ci s'arrête à la communauté marocaine : « Celles liées aux autorités diplomatiques et consulaires, celles de la gauche laïque, les associations amazigh (berbères), les islamiques, les féminines et celles des jeunes de la deuxième génération » (69) (2003, p. 103).

Pour des raisons de facilité et de synthèse, nous avons distingué cette partie en reprenant les deux niveaux d'organisation de la mobilisation ethnique tels que définis par H. Bousetta (2006) : d'une part, celui des organisations institutionnalisées et d'autre part, celui des formes cachées de mobilisation infra politiques. Nous y reviendrons.

Enfin, l'histoire et l'actualité du mouvement associatif reste encore à être écrite car dans la littérature consacrée à cette question, nous n'y trouvons que des esquisses qui restent encore incomplètes laissant ainsi des espaces d'ombres sur une dynamique foisonnante. L'absence de travaux approfondis sur la question constituera une limite à notre étude. Cette partie risque de présenter l'écueil de l'incomplet, faute de travaux approfondis effectués sur la question du mouvement associatif maghrébin en Belgique et de manière plus spécifique, à Bruxelles.

---

68 Cette typologie basée sur l'espace géographique français n'est pas pertinente pour la réalité belge.

69 Ce classement est plus pertinent car il recouvre à peu près tous les champs du tissu associatif maghrébin. Ceci étant dit, le dernier type d'association, celle des jeunes de la deuxième génération semble beaucoup trop large pour être catégorisée en tant que telle.

3.2.2 *Les ASBL à caractère communautaire*

Les personnes issues de l'immigration ont mis sur pied un certain nombre d'associations qu'on pourrait qualifier de communautaires. Elles offrent des services aussi divers que variés. Ces associations se sont constituées en ASBL (70) leur permettant ainsi de bénéficier d'un statut juridique et d'avoir éventuellement recours aux subsides. Ces associations que nous qualifions d'ethnique et de communautaire, ont historiquement d'une part, été mises en place par des étudiants venus du Maghreb, et d'autre part, par des institutions marocaines installées en Belgique. Très rapidement les immigrés maghrébins se sont organisés afin de répondre à leurs propres besoins (71) liés à leur nouvelle présence en Belgique.

La présence marocaine étant majoritaire dans l'immigration maghrébine, le « Regroupement démocratique marocain » et l'« Union nationale des étudiants du Maroc » figurent parmi les premières associations maghrébines à Bruxelles dont les activités étaient plutôt tournées vers le pays d'origine.

Ensuite, il y a ce qu'on peut appeler les associations de deuxième génération. Ces associations vont s'atteler à travailler sur des questions liées à la citoyenneté (droit de vote, naturalisation) mais ils vont également créer des infrastructures permettant de lutter contre l'échec scolaire des jeunes issus de l'immigration maghrébine et des activités sportives, ludiques et culturelles seront mises en place. Il est intéressant de noter que parmi ces associations, « Jeunesse maghrébine » et « Avicenne » seront les seules structures bruxelloises à être subsidiées par la Communauté française. Par ailleurs, ces deux associations sont membres de la Fédération des institutions socio-

---

70 L'inconvénient est le maintien des associations qui n'ont d'existence que par leur nom et dont les activités ont disparu. Il faut souligner ce point pour mettre en évidence la fragilité d'analyser la densité du réseau associatif ethnique uniquement sur base du moniteur belge.

71 Parmi ces besoins urgents figurent le rapatriement du corps défunt, la question de la viande Halal, l'enseignement de la langue arabe, etc.

culturelles (Fisc) qui fait partie de la Confédération des jeunesses socialistes (F. Saidi, 1997).

À cela, s'ajoutent les associations que l'on pourrait qualifier d'islamique. La référence à l'islam dans l'engagement associatif est un phénomène relativement récent.

Notre terrain est la Région bruxelloise et nous ne pouvons négliger le rôle des institutions flamandes dans le mouvement associatif maghrébin. En effet, la politique menée en matière d'immigration par les néerlandophones est différente de celle menée par la Communauté française. Les associations allochtones sont reconnues, promues et subsidiées par le gouvernement flamand, ce qui n'est pas le cas pour la Communauté française qui ne considère pas les associations dites ethniques. D'ailleurs, les seules associations subsidiées par celle-ci sont catégorisées comme étant des associations interculturelles et non ethniques malgré leur dénomination (Jeunesse maghrébine et Avicenne). À Bruxelles, le cas de l'« Association des Jeunes Marocains » (AJM) ainsi que le « Centrum West » à Molenbeek-Saint-Jean illustre cette logique de subvention par la Communauté flamande.

Aujourd'hui, les associations maghrébines touchent désormais différents secteurs et répondent à des objectifs différents. Comme le dit très bien Guelamine, « certains agissent directement auprès des migrants dans une pratique de médiation. (…) D'autres associations ont une compétence dans un domaine particulier (santé, loisirs et activités culturelles) et visent à promouvoir les droits ou le mieux-être des populations immigrées, ou bien encore à répondre à une problématique particulière (alphabétisation, formation, etc.). Enfin, des institutions forment un rôle d'expertise et de recherche sur des questions liées à la présence étrangère. Ces distinctions permettent de souligner l'extraordinaire diversité de la vie associative dans le domaine de l'immigration. » (2000, p. 45).

Les entretiens montrent que très peu d'élus furent engagés dans des ASBL de type communautaire. Un élu fut engagé dans une association maghrébine mais celui-ci n'a pas bénéficié de son soutien :

> « *J'ai été membre de Hadjitkoum qui organisait des cours d'arabe, une école de devoirs mais je n'ai pas eu de soutien de l'association car elle n'existe plus. Il y a peut être d'anciens militants qui m'ont soutenu mais je n'ai pas été les voir personnellement* », Élu n° 2.

Il en est de même pour une autre élue qui était engagée dans une association marocaine :

> « *J'ai donné cours à l'AJM (Association des Jeunes Marocains) pendant sept ans mais je n'ai pas eu de soutien de là car j'ai arrêté de donner les cours, il y a une dizaine d'années. Je n'ai eu le soutien d'aucune association car je n'étais membre d'aucune !* », Élue n° 6.

Pour terminer, il faut préciser que les associations maghrébines à Bruxelles ne bénéficient pas d'une structuration cohérente et organisée pour pouvoir soutenir de manière coordonnée un candidat. En effet, de manière générale, elles sont assez éparpillées, elles naissent comme elles meurent, et il y a un manque total de coordination entre elles.

3.2.3 *Les associations de fait à caractère communautaire*

Il nous a semblé important de distinguer dans le réseau associatif à caractère ethnique, les groupes constitués en association de fait. Les raisons de ces groupes à ne pas adopter le statut d'ASBL sont nombreuses : les frais financiers qu'exige la publication de l'association au *Moniteur belge,* la complexité administrative (72), etc. Il

72 Pour constituer un ASBL, jusqu'en 1980, il fallait que le conseil d'administration soit composé d'une majorité de Belges. Alors qu'à l'époque, très peu de personnes originaires du Maghreb étaient naturalisées. Depuis lors, la loi sur les ASBL a été modifiée comme suit : « Trois cinquièmes des membres doivent être de nationalité belge ou résidents (établis et inscrits aux registres de la population) en Belgique.

ne s'agit pas ici de s'étendre sur les désavantages du maintien du groupe sous un statut informel mais plutôt à mettre en évidence leur existence ainsi que le rôle important qu'il peut jouer dans la campagne électorale.

À ce propos, nous rejoignons les propos de H. Bousetta (2000, pp. 229-245) sur le fait que les recherches sont souvent orientées vers les associations officielles, répertoriées dans le *Moniteur Belge.* Effectivement, il ne faut pas négliger ces groupements mais il faut aussi tenir compte de ce qu'il appelle l'infrapolitique où une grande partie des Maghrébins est engagée. La mobilisation ethnique infrapolitique aurait, selon lui, beaucoup plus d'influence sur les membres d'une communauté car elle est en contact permanent avec la base étant donné qu'elle est financée par celle-ci (73). Tandis que les associations subsidiées par l'État perdent leur contact avec la base du fait qu'elles agissent en fonction des contraintes étatiques, ce qui leur fait perdre leur légitimité au sein des membres de la communauté.

Sur la question de la mobilisation électorale, objet de cette recherche, l'auteur dit que « c'est un phénomène nouveau et qu'il est encore trop tôt pour évaluer ses performances de manière exhaustive » (H. Bousetta, 2005, pp. 185-207). On pensera plutôt que c'est aujourd'hui, plus que jamais que s'élaborent les différentes stratégies des acteurs associatifs pour soutenir le candidat de leur choix, en particulier au sein de réseaux communautaires infrapolitiques. Malheureusement de par leur caractère intrinsèquement officieux, il est difficile de mesurer leur influence dans la campagne électorale. Nous avons pu remarquer la formation de groupes de fait réunissant

---

Dans le cas contraire l'association ne pourra pas se prévaloir de la personnalité juridique à l'égard de tiers, lesquels auront néanmoins la faculté d'en faire état contre elle » (cf. http://www.rnaf.net/lien_associations_et_fondations_en_europe.php). L'exigence de nationalité belge des trois cinquièmes des membres de l'association a été supprimée par la loi du 30 juin 2000.

73 Pour illustrer ces propos, H. BOUSETTA prend l'exemple des élections au sein de l'Exécutif des musulmans où l'auteur montre combien la mobilisation infrapolitique a été déterminante pour élire l'un ou l'autre candidat. Cette forme de mobilisation peut donc avoir un rôle non négligeable malgré sa discrétion.

des acteurs engagés dans le champ communautaire pour soutenir un candidat en particulier, pour essayer de définir des stratégies ou pour donner des outils aux citoyens d'origine maghrébine afin de « bien » voter ou voter utile.

3.2.4 *Les cafés et salons de thé*

Nous avons repris les cafés (74) dans le point consacré au réseau associatif ethnique car ils existent souvent sous la forme d'ASBL. Nous avons préféré isoler cette variable car ils sont le lieu de passage quasi obligé de toute campagne électorale. Les cafés jouissent du flou juridique qui existe sur la question du type d'activités que les associations peuvent mettre sur pied. Sur cette question, « la jurisprudence autorise aux ASBL de se livrer accessoirement à des activités commerciales ou industrielles. (...). Dans cette optique, les ASBL peuvent réaliser des bénéfices à condition que ces derniers ne soient pas distribués aux membres mais qu'ils soient principalement affectés à la réalisation des objectifs sociaux » (A. Manço, 2002, p. 8).

Cette ambiguïté peut faire jouir les cafés de certains avantages de par leur statut d'ASBL, comme le fait d'échapper aux taxations. Certains parlent d'« ASBL-écrans » (Moser, 2003, p. 14), par le fait qu'elles présentent en réalité un caractère purement commercial.

Pourquoi parler des cafés ? Parce que ces lieux ont incontestablement joué un rôle dans la campagne électorale. Seule une minorité d'élues interrogées n'ont pas été dans des cafés pour distribuer des tracts principalement parce qu'étant femmes, elles n'étaient pas à l'aise dans ces endroits :

> « *On n'a pas nécessairement accès à certains cafés en tant que femme. Je n'ai donc jamais fait les cafés. Je ne n'ai jamais été à l'aise alors je ne vois pourquoi je devrais y aller* », Élue n° 11.

74 Il s'agit des cafés et salons de thé tenus par des gérants maghrébins. Ils sont principalement situés dans le quartier Lemonnier, dans le bas de Molenbeek et dans d'autres quartiers à forte concentration maghrébine.

> « *Je ne vais pas dans les cafés arabes. Par contre, quand je vais boire un verre ailleurs, je n'hésite pas à y distribuer mes cartes* », Élue n° 12.

Cet espace réservé presque exclusivement aux personnes masculines rend difficile l'accès des femmes dans ces zones et des candidates en particulier. Cependant, certaines d'entre elles n'hésitent pas à pousser la porte pour discuter, débattre avec les personnes qui fréquentent les cafés. Mais elles précisent qu'elles n'y vont jamais seules, qu'elles y vont accompagnées avec des personnes de sexe masculin.

> « *Généralement, ce sont des milieux d'hommes mais je n'ai jamais eu de problèmes à m'y rendre. Je n'hésite pas à rentrer mais je ne l'ai jamais fait seule, je l'ai souvent fait avec un collègue et j'ai été amené à discuter avec eux. C'était très chaleureux !* », Élue n° 14.

Aussi, des soirées-débats ont été organisées par des gérants de cafés en vue de soutenir un candidat :

> « *C'est l'un de mes amis qui m'a organisé cette rencontre dans ce café marocain de messieurs. Le café était rempli de jeunes, de papas, etc. Il y avait des discussions et ces gens m'ont assuré de leur soutien. Quand je suis passée, après les élections, j'ai été les voir pour leur offrir une tournée générale !* », Élue n° 6.

Il est important de tenir compte de ce type d'associations. Nous avons pu constater qu'elles ont souvent été négligées dans les différentes études sur la question de la vie associative des migrants et qu'elle n'est reprise dans aucune typologie présentée plus haut.

3.2.5 *Les Amicales (Widadiya)*

Les Amicales font partie du réseau associatif maghrébin. Nous avons isolé cette variable car son rôle a été assez particulier. Plusieurs Amicales ont été créées dans les années 1980 par les représentants diplomatiques des pays du Maghreb en Belgique dont l'objectif est de garder un certain contrôle sur les résidents maghrébins à l'étranger mais aussi de garder un lien entre eux et les régimes du Maghreb (75). Parmi ces associations figurent l'Amicale des Marocains, l'Amicale des Algériens, l'Amicale des Tunisiens. D'autres associations sont financées par les états du Maghreb mais elles sont difficiles à déterminer. Plus tard, d'autres associations liées notamment au pouvoir marocain ont été créées entre autre par le biais de certains dirigeants de mosquées, de certaines radios marocaines ainsi que d'autres groupements représentants les maghrébins de l'étranger. Aujourd'hui, il est assez difficile de définir les amicales, elles sont parfois constituées sous forme d'association culturelle, de fondation, en ASBL, sous forme d'un café, elles sont aussi parfois proches de certaines mosquées.

La participation politique des élus d'origine maghrébine est suivie avec attention, surtout par les ambassades marocaine et turque (P.-Y. Lambert, 2001, p. 40). D'ailleurs, des réunions préélectorales ont été organisées par la représentation diplomatique marocaine.

Mais lors de nos entretiens, tous les élus disent n'avoir bénéficié d'aucun soutien de la part des amicalistes. Pourtant, certains observateurs n'hésitent pas à nous dire que ces derniers ont joué un rôle actif en faveur d'un ou deux candidats. Il ne nous est pas facile de prouver ce soutien car comme l'écrit V. Geisser, il est très difficile d'avoir des renseignements précis sur les Amicales (1997, p. 107). L'affiliation au réseau amicaliste est souvent considérée aujourd'hui comme honteuse et suspicieuse. Par conséquent, il est assez risqué de définir de manière rigoureuse leur implication dans la mobilisation électorale des candidats.

3.3 *Le réseau religieux*

La pratique de l'islam entraîne toute une série de nouvelles thématiques (construction de mosquées, la question des cimetières, le

---

75 En effet, N. OUALI écrit que « (...) sous couvert d'associations culturelles, [les amicales] ont servi les objectifs de répression et de terreur qui ont caractérisés la politique interne et externe du Maroc sous le régime du Roi Hassan II » (N. OUALI, 2004, p. 303).

processus de reconnaissance du culte…). Et comme l'écrit R. Garbaye, « (…), ces populations immigrées, plus que d'autres, sont souvent caractérisées par une structuration en "communauté" autour d'associations de quartier, communautaires, sociales ou culturelles, et très souvent autour d'organisations religieuses. Les mosquées et les réseaux musulmans locaux sont souvent particulièrement susceptibles de produire des personnels impliqués dans des activités éducatives ou d'aide sociale » (2005, p. 175).

Nous avons repris dans ce que nous appelons « réseaux religieux » : les mosquées et les associations religieuses (76).

3.3.1 La mosquée

Parmi les premières associations maghrébines figurent les mosquées. Elles ont été créées dès les années 1960 pour répondre aux besoins spirituels des travailleurs immigrés maghrébins. Les mosquées sont avant tout des lieux de prières, mais elles sont aussi le lieu d'activités pour jeunes ou mamans. Lieux de réunion, la mosquée organise parfois des conférences et débats, des cours de langue arabe et d'apprentissage du Coran. Il ne faut donc pas réduire la mosquée à un simple espace de culte car elle peut parfois dépasser cette fonction. Certains auteurs parlent même de « maison communautaire » (77) (J. Cesari, 1998, p. 27). D'autres encore parlent plutôt d'« association-mosquée » : « Le concept d'association-mosquée mis en œuvre ici n'est pas comparable aux lieux de cultes "purs" pouvant exister dans le pays d'origine. En effet, en plus du culte, l'existence d'une association en combinaison avec un lieu de culte remplit des fonctions socioculturelles très importantes pour une communauté immigrée » (C. Parthoens, A. Manço, 2005, p. 79). Ces auteurs décrivent par ailleurs le fonctionnement de cette «association-mosquée» qui est

76 Il aurait été possible de catégoriser les mosquées dans le point consacré aux ASBL mais nous avons préféré isoler la variable liée au réseau religieux pour son importance. Il en est de même pour les associations qualifiées de religieuses.

77 L'auteur ajoute que la mosquée en tant que lieu de rassemblement de la communauté ethnique a une fonction d'intégration du groupe marquée par une dimension rituelle à l'échelle du quartier.

composée de membres cooptés par des personnes âgées et respectées dans la communauté. Ce mode de gestion existe toujours dans la majorité des mosquées où le leadership est souvent assuré par la personne qui incarne le mieux les valeurs religieuses ou par la personne qui arrive à légitimer sa présence dans le poste à responsabilité.

Certaines mosquées ont développé une relation de proximité avec le pouvoir communal. Certaines d'entre-elles leur adressent des requêtes comme par exemple la demande de locaux de l'école communale du quartier pour pouvoir y donner des cours d'arabe et de Coran. Ainsi des tentatives de rencontres, de concertations ont été développées ces dernières années entre les responsables de mosquée et les responsables communaux.

Les mosquées peuvent jouer un rôle dans la campagne électorale. L'exemple de « (...), l'Union des Mosquées et Associations Musulmanes d'Anvers (UMIVA), qui ne rassemble pas moins de 26 mosquées, a pris publiquement position en faveur de l'attribution d'un échevinat à Fatima Bali, précisant que "si les élus immigrés ne sont pas pris au sérieux et doivent se contenter de servir d'attrape-voix, nous devrons en tirer les conclusions la prochaine fois" » (Lambert, 2000, pp. 8-11) montre que certaines structures sont bien organisées.

En ce qui concerne la relation entre les députés bruxellois d'origine marocaine et la mosquée, c'est un peu la langue de bois lors des entretiens. C'est particulièrement sur cette question que la « schizophrénie politique » est la mieux illustrée. En effet, la majorité dit préférer éviter de faire campagne dans ou autour de ce lieu de culte, à l'exception d'un élu qui nous confie le rôle important joué par les mosquées dans sa campagne électorale :

> « *Il y a quelques années, j'ai demandé à être écouté par les responsables de mosquées. J'ai participé au débat sur la place de l'islam dans la société et pour continuer ce combat, j'ai demandé à des gens de la mosquée à être soutenu. J'ai été*

soutenu par certains imams grâce au contact amical. Ils ont fait passer par le bouche-à-oreille qu'il fallait voter pour moi. Par le passé, j'avais pris la parole dans deux, trois mosquées », Élu n° 5.

Ce même élu nous confie qu'il a changé de méthode pour cette campagne pour les raisons suivantes :

> « *Mais pour cette campagne, je ne le fais plus. Avec la maturité, en 2004, je me dis que la mosquée doit rester un lieu de prière. Il ne faut pas politiser cet endroit. Je pourrai distribuer mes tracts à l'extérieur mais je refuse de prendre la parole à l'intérieur même si on m'a plusieurs fois proposé de prendre la parole dans les mosquées. Ceci étant dit, une bonne partie des mosquées m'a soutenue et je les remercie* », Élu n° 5.

Un tiers des élus d'origine maghrébine interrogés a le père qui fait campagne en distribuant les tracts dans la mosquée qu'il fréquente :

> « *Je n'ai pas été dans les mosquées car je trouve que c'est hypocrite de ma part d'y aller seulement la veille des élections. Par contre, mon papa et ses amis ont distribué des tracts pour moi. Les amis de mon père disaient "on n'a plus de cartes, donne on va en distribuer". Alors que je leur avais rien demandé…* », Élue n° 8.

Parfois, ce sont des amis :

> « *Je ne pense pas que j'ai bénéficié de l'aide d'une mosquée en particulier. Par contre, j'ai eu le soutien d'individus engagés dans des mosquées qui m'ont soutenu* », Élue n° 1.

Par contre, pour un tiers des élus interrogés affirment leur laïcité qui se traduit par une distance totale avec la mosquée :

> « *Je n'ai aucun lieu avec les mosquées, je n'y vais pas. Ce sont des lieux de culte et je n'aime pas mélanger politique et religion* », Élue n° 3.

En somme, à l'exception de ces derniers, tous ont essayé directement ou indirectement de faire campagne autour des mosquées.

3.3.2 *Les associations religieuses*

Dans ce point consacré aux associations religieuses, nous parlerons de tout groupement associatif dont l'objet social est lié à l'apprentissage de la religion et se traduisant par des activités de cet ordre (78). Un certain nombre d'associations religieuses sont actives à Bruxelles ; elles répondent principalement au « souci des associés de ne pas s'assimiler ou se laisser "fondre" dans une société essentiellement laïque où la pratique religieuse est facultative » (A. Mançο, 2002, p. 25).

Certaines associations musulmanes sont sensibilisées par les enjeux liés aux élections. Ils organisent des débats, interpellent les candidats sur des questions qui les concernent. Comme le souligne V. Geisser de manière assez pertinente : « L'observation fine des stratégies déployées par les organisations musulmanes françaises révèle une volonté commune d'inscrire leur combat pour le renouveau de la pensée islamique dans une démarche citoyenne. Il s'agit de vivre son islamité en harmonie avec la société française. Loin d'appeler leurs adhérents au repli communautaire, ces organisations les exhortent à réinvestir les valeurs civiques qui feront d'eux des musulmans respectueux et des électeurs responsables devant les urnes. On voit émerger ici une conception originale qui se manifeste par le désir des dirigeants islamiques issus des nouvelles générations d'être des partenaires de la socialisation des jeunes maghrébins de France et des acteurs centraux du passage au politique » (1997, p. 232).

En ce qui concerne les élus belges d'origine maghrébine, aucun ne s'était impliqué par le passé dans une association musulmane. De plus, lors de nos entretiens, aucun n'a bénéficié du soutien d'une

---

78 Les mosquées peuvent être considérées comme étant des associations religieuses car elles ont le statut d'ASBL, mais nous avons préféré isoler cette variable pour mettre en évidence la mosquée comme un vecteur en soi.

organisation cultuelle. Toutefois, une élue nous a confié qu'elle a bénéficié du soutien d'associations chiites :

> « *J'ai eu le soutien de la communauté musulmane chiite. Ils m'ont soutenue par rapport à certaines thématiques qu'ils ne trouvaient pas dans d'autres partis. Ces associations sont particulièrement actives sur Molenbeek et Anderlecht* », Élue n° 11.

Ceci étant dit, il ne faut pas sous-estimer le rôle que peut jouer le facteur religieux dans les stratégies électorales. En effet, comme le souligne M. Martiniello : « Ici, on ne peut pas dire que l'Islam n'a pas joué du tout comme facteur d'agrégation politique. (…) des candidats réputés bons musulmans ont pour cette raison récolté les suffrages d'un nombre significatif d'électeurs musulmans » (2001, p. 4). En effet, des critères liés à la pratique de la religion peuvent influencer le choix de voter pour un candidat. Parmi ces critères, il y a le fait de ne pas boire de l'alcool, le fait de prier cinq fois par jour, effectuer le jeûne du Ramadan, etc.

> « *Personnellement, je suis musulman : je ne fume pas et je ne bois pas* », Élu n° 2.

Certains élus peuvent donc mobiliser cette stratégie :

> « *Je fais ma campagne partout. Ce qui m'intéresse, ce sont les voix. Je n'ai jamais caché à La communauté que j'étais musulman et la question de l'islam est une de mes priorités* », Élu n° 5.

3.4 *Le réseau de femmes*

De plus en plus, les femmes s'investissent dans le secteur associatif qui était au départ un champ réservé exclusivement aux hommes. Alors qu'au début de l'immigration, elles étaient plutôt dans l'ombre, on assiste aujourd'hui à des associations ou à des groupements de femmes qui jouent parfois un rôle capital dans la campagne électorale. À leur manière, elles soutiennent, militent pour le candidat auxquelles elles croient en créant un certain nombre d'activités festives ou des conférences-débats. Les femmes constituent, en effet, un réseau en soi. D'ailleurs, T. Larbi (1983) a examiné les liens sociaux existant entre les femmes immigrées d'un quartier pour démontrer la densité de leur réseau de relations. L'auteur observe un degré élevé de connexité : « (…) la quasi-totalité des femmes immigrées résidant dans le quartier se connaissent entre elles. Nous avons pu vérifier (…) en interrogeant des individus situés à des points différents du réseau, qu'une information importante concernant une famille du quartier (accident, annonce de mariage, etc.) était immédiatement connue par l'ensemble de la population féminine. (…) nous pouvons affirmer (…) que chaque individu peut, en cas de nécessité, joindre tous les autres, soit directement, soit par l'intermédiaire d'un nombre limité de relais » (1983, p. 249). Ce degré élevé de connexité est intéressant pour la campagne électorale. D'ailleurs, nous avons relevé dans le point consacré au « vote femme » qu'elles ont été particulièrement influentes pour soutenir un candidat. Les propos des élus interrogés nous l'ont d'ailleurs confirmé :

> « *Il y a une dame qui fait partie d'une association et qui m'a invité. J'ai pu ainsi discuter avec des femmes de l'association, j'ai trouvé ça superbe* », Élue n° 6.

Aussi, le soutien des femmes n'était pas spécifique aux candidates, elles ont également soutenu des candidats du sexe masculin.

> « *Ma mère est active dans une association de femmes, elle a donc son réseau de femmes et grâce à elle, cette association m'a beaucoup soutenu* », Élu n° 10.

Plus de la moitié des élus belges d'origine maghrébine interrogés ont bénéficié du réseau « femme ».

4. Les réseaux d'acteurs sociaux

V. Lemieux (1999) parle de « réseaux d'acteurs sociaux » comme étant des réseaux qui relient des acteurs sociaux individuels ou collectifs. Les réseaux servent notamment à l'entraide entre les personnes qui en font partie. Pour cet auteur, « les réseaux sont des systèmes d'acteurs sociaux (…) » (1999, p. 11). Après avoir décrit les structures, nous allons dans cette partie dégager les acteurs influents de la campagne électorale.

4.1 *Le rôle des professionnels*

Dans ce cadre-ci, nous entendons par « professionnels » : les personnes rémunérées, spécialisées en marketing politique. Est-ce que ces acteurs ont-ils joué un rôle dans l'élaboration de la campagne électorale des candidats d'origine maghrébine ?

Parmi les élus interrogés, aucun n'a fait appel à un professionnel de la communication politique, à l'exception d'un élu qui a été, par le passé, responsable de la communication de son parti. Pour les autres élus, les raisons évoquées pour ne pas engager de professionnel sont principalement liées au coût élevé et à l'inutilité de l'investissement :

> « *J'ai fait appel une seule fois à un professionnel. Je l'ai payé très cher ! Je n'ai plus jamais recommencé, je m'organise tout seul, cela me coûte moins cher…* », Élu n° 13.

> « *Un professionnel du marketing politique ? Non, jamais. Pas du tout ! D'abord parce je n'ai pas les moyens, ensuite parce que cela ne correspond à ma logique de travail, enfin, cela ne me semble pas utile* », Élue n° 14.

4.2 *Le rôle du parti politique*

Derrière les partis politiques figurent des cadres politiques, un personnel qui d'une manière ou d'une autre peut soutenir un candidat en particulier. Mais avant tout, les partis politiques ont comme tâche d'inscrire des candidats sur la liste électorale. Ainsi « l'un des terrains de bataille politique essentiel se situe en amont de l'élection proprement dite et consiste à se positionner en place utile à l'intérieur de son propre parti » (H. Bousetta, 1998, p. 166). Ensuite, lors de la campagne électorale, le soutien du parti politique réside principalement dans le financement de certaines méthodes de communication politique (79). Aussi, le résultat électoral du candidat est corrélé à l'importance électorale du parti dans lequel il s'insère. En effet, nous avons pu constater que les candidats qui se présentent sur une liste marginale, malgré la notoriété qu'ils peuvent avoir, n'auront pas les mêmes chances de gagner les élections. Le lien entre candidat et parti est relativement important. Les élus nous ont très peu parlé du soutien des partis politiques, insignifiant selon eux :

> « *Non, le parti politique ne m'a pas vraiment aidé. Avant que le parti n'aide vraiment, il faut faire ses preuves. Mis à part quelques petits trucs, le parti n'aide pas. Surtout qu'à l'époque, je n'étais pas vraiment connue* », Élue n° 12.

Nous constatons que l'aide varie selon les partis mais aussi selon le candidat.

> « *Mon parti a un budget pour la campagne électorale. Deux ministres ont cru en moi alors le parti m'a payé les affiches* », Élu n° 1.

4.3 *Le rôle des militants et des collaborateurs*

Nous entendons par militants, les membres des sections locales de partis et toutes personnes engagées ou qui soutiennent d'une manière ou d'une autre le parti politique. Le rôle des militants de la section locale du parti peut s'avérer déterminant :

> « *La section locale du parti dans ma commune a joué le plus grand rôle dans ma campagne. J'ai pu compter sur eux pour l'affichage, ils ont tout pris en charge financièrement. Ils ont été vraiment formidables* », Élue n° 14.

Parfois, par contre, elle ne peut jouer aucun rôle.

> « *Ma campagne s'est organisée de manière très simple, je n'ai même pas été soutenu par la section locale de ma commune !* », Élu n° 5.

---

79 Les photos de campagne, l'insertion de la liste collective des candidats dans le toutes-boîtes ou les journaux, etc.

Il faut souligner aussi l'importance du rôle joué par les collaborateurs, notamment ceux qui étaient déjà employés dans le cabinet du candidat qui se présente aux élections et qui ont été particulièrement actifs. On peut dire que c'est quelque part leur emploi qui est en jeu. Par conséquent, certaines campagnes se sont entièrement reposées sur leurs épaules. Il y aussi les collaborateurs qui se mobilisent pour soutenir un candidat, collègue au cabinet.

> « *J'ai 3 collaborateurs et c'est eux qui ont tout fait. Toute la campagne, c'est eux ! Ils faisaient tout, les toutes-boîtes, les marchés, etc.* », Élue n° 6.

> « *Pour moi, cette aide a été la plus importante. Je faisais auparavant partie d'un cabinet qui était composé de 60/70 personnes. Ils avaient tous intérêt que le ministre passe pour qu'ils gardent leur place, ils se sont donnés à fond lors de la campagne. Donc, dès qu'ils faisaient campagne pour la tête de liste, ils disaient en même temps de me soutenir* », Élue n° 12.

4.4 Le rôle de l'« élite issue de l'immigration »

M. Martiniello définit l'élite issue de l'immigration comme un « sous-ensemble de la catégorie ethnique d'origine immigrée regroupant les personnes qui connaissent (ou ont connu) une réussite à l'extérieur de l'entité significativement supérieure à la moyenne des personnes de la catégorie ethnique considérée, dans un ou plusieurs des domaines suivants de l'activité humaine : la politique, le domaine économique et les affaires, les arts, la culture et le spectacle, le domaine professionnel » (80) (1992, pp. 93-94).

Avec le temps, cette élite se constitue et se diversifie et peut être considérée comme un relais dans le soutien d'un candidat. Par ailleurs, V. Geisser et S. Kelfaoui parlent d'« intermédiaires communau-

---

80 À ce propos, M. MARTINIELLO distingue l'élite qui vient du pays d'origine et celle qui est issue de l'immigration, il considère cette dernière comme étant la véritable élite issue de l'immigration. (Voir M. MARTINIELLO, 1996, pp. 26-27).

taires dont la tâche principale est de capter les suffrages ethniques au profit d'un candidat (…) » (V. Geisser, S. Kelfaoui, 1998, p. 27).

Il est très difficile d'évaluer l'influence que peut avoir cette élite. Il faudrait d'abord la définir, ensuite voir dans quelle mesure elle aurait pu jouer un rôle. Les élus interrogés ne nous ont pas cité de noms de « personnalités » de la communauté maghrébine. Ceci étant dit, les observateurs nous ont confié que ces derniers pouvaient mobiliser leur réseau que ce soit dans les domaines artistiques, culturels ou autres en faveur d'un candidat.

4.5 *Le rôle des amis*

Lemieux parle de « réseaux d'affinité » pour désigner « ceux qui relient des amis et des proches, qui, sans être apparentés, ont entre eux des relations positives dans l'ordre de l'appartenance » (1999, p. 47).

Les amis ont joué un rôle incontestable dans la campagne électorale. D'ailleurs avant même de parler d'acteurs associatifs, d'élite, de commerçants ou autre, ces individus sont souvent et avant tout des amis :

> « *Ces gens m'ont soutenu avant tout en tant qu'amis et pas en tant que groupes ou faisant partie de quelque chose. Parce qu'ils croient en toi surtout* », Élu n° 1.

> « *J'ai un chouette groupe d'amis. Ils ont fait la pub à ma place, ils ont tout fait ! Mes amis ont été très présents et je leur suis très reconnaissante, ils se sont vraiment donnés* », Élue n° 8.

4.6 *Le rôle des comités de soutien*

Dans ce cas-ci, Lemieux, définit les « réseaux de soutien » comme étant la transmission de « ressources relationnelles ou statutaires d'un acteur à l'autre. Il s'agit plutôt de transmettre des ressources matérielles ou informationnelles, portées par des ressources relationnelles, au bénéfice de personnes qui en ont besoin. C'est la propagation de ces ressources, en direction des personnes à soutenir, qui caractérise les réseaux de soutien » (1999, p. 57).

Cela étant, tous les élus interrogés n'avaient pas nécessairement de comité de soutien. On constate que seul un tiers des élus d'origine maghrébine avait constitué ce comité soit de manière structurée ou de façon informelle.

> « *J'ai eu un comité de soutien qui m'a beaucoup aidé. On a fait une réunion générale : sur 30 personnes, il y avait 15 bons amis, il y avait mes 4 frères et le reste c'était des gens que je ne connaissais pas, qui m'ont téléphoné de manière spontanée. On a organisé la campagne de manière structurée et ça été très efficace* », Élue n° 14.

> « *Je voulais arriver à un comité de soutien mais ce ne fut pas possible car on manquait d'organisation. Mais l'idéal pour moi, c'était d'arriver à ça !* », Élue n° 12.

5. Conclusion

Pour terminer ce dernier chapitre, nous conclurons sur une évaluation globale des différents réseaux mobilisés.

Premièrement sur la question des réseaux sociaux, on constate que chaque réseau possède sa spécificité et/ou son efficacité et que ces réseaux sont tous complémentaires l'un de l'autre. Les réseaux classiques n'ont qu'une importance relative dans la mesure où ce n'est pas la structure en tant que telle qui est influente mais plutôt des individus de manière isolée qui marquent le soutien ; à l'exception des permanences sociales où la proximité entre le citoyen et l'élu joue fortement en faveur de ce dernier.

Deuxièmement, les réseaux ethniques sont beaucoup plus mobilisés que les réseaux classiques. Les familles, les mosquées et les associations religieuses ainsi que la mobilisation des femmes furent déterminantes pour certains.

Ceci étant dit, par rapport à notre hypothèse de départ, nous avons surestimé l'importance que pouvait jouer le réseau associatif, qu'il soit à caractère généraliste ou ethnique, et ce, pour plusieurs raisons :

- le manque de connaissance sur les associations (surtout les groupes de fait) actives sur le champ bruxellois et l'absence d'interlocuteurs rendent compliquée la sollicitation de certains d'entre eux pour obtenir un soutien ;
- le manque de partenariat entre associations : soit elles ne se connaissent pas, soit elles se voient comme rivales. L'absence de communication, de lieux de coordination, de plates-formes entre les associations communautaires a pour conséquence l'absence de véritables stratégies telles que l'élaboration de consignes de vote pour un candidat ;
- le manque de professionnalisme se traduisant par « le bricolage » de certaines associations et s'expliquant partiellement par le manque de moyens pour pouvoir fonctionner correctement ;
- le manque de compétence, d'(in)formation de la part de certains acteurs associatifs ;
- le manque de dynamisme, de prise d'initiative de la part des acteurs qui peut s'expliquer par le manque de moyens et de compétence ;
- le clientélisme dont sont imprégnées certaines associations (certaines paracommunales).

Aussi, le niveau d'organisation d'une communauté aura une importance capitale dans la campagne électorale et dans l'influence du vote. C'est d'ailleurs la thèse d'un article consacré à l'intégration politique des minorités ethniques aux Pays-Bas où les auteurs mettent en évidence qu'« il existe un lien entre la structure de la communauté et la participation politique » (M. Berger, M. Fennema, A. Van Heelsum, J. Tillie, R. Wolff, 2001, p. 121). Les auteurs s'appuient d'ailleurs sur l'évaluation de la communauté ethnique afin d'expliquer les différences de participation politique entre les divers groupes ethniques : « Pour qu'un groupe ethnique parvienne à un certain degré d'organisation, il faut que sa population ait atteint un certain degré d'organisation, il faut que sa population ait atteint une certaine "masse critique" et que des leaders aient émergé » (2001, p. 119).

C'est aussi sur cette question que le concept de capital social (81) a toute son importance et que les réseaux sociaux vont jouer leur rôle : « Pour chaque individu, les réseaux sont essentiels parce qu'ils mobilisent des ressources dont il ne pourrait pas disposer lui-même directement. (…) Pour un groupe également, les réseaux sont très utiles pour l'organisation et la mobilisation de ses membres en vue d'atteindre un but commun » (2001, p. 122). La différence s'illustre particulièrement à travers l'observation de l'organisation de la communauté turque et marocaine.

Par ailleurs pour le réseau religieux, on pourrait poser l'hypothèse d'une islamisation des enjeux électoraux. V. Geisser et S. Kelfaoui remarquent, en effet, que l'électorat d'origine maghrébine est « de plus en plus perçu comme des "électeurs musulmans", et les débats électoraux se structurent désormais autour de l'organisation locale de la communauté islamique » (V. Geisser, S. Kelfaoui, 2001, p. 58). Les débats sont souvent orientés autour de questions liées aux pratiques religieuses, et les interpellations des élus tournent souvent autour de ces problématiques. Comme un critère de vote parmi d'autres, le « vote musulman » doit être approfondi et étudié.

Enfin, pour ce qui est du réseau d'acteurs sociaux, nous avons pu observer l'absence de professionnels durant la campagne des candidats d'origine maghrébine. Par contre, toutes les personnes mobilisées, quel que soit le secteur, font l'objet de diverses sollicitations : elles sont des relais et c'est principalement la spontanéité qui caractérise leur mobilisation.

---

81 À ce propos, D. JACOBS distingue le capital social ethnique (intégré dans les associations ethniques) et le capital social interethnique (intégré dans des associations classiques, belges ou mixtes).

CONCLUSION GÉNÉRALE

Avant les élections régionales de juin 2004, les candidats d'origine maghrébine avaient développé sur le plan discursif, un discours axé sur l'intérêt général. La campagne électorale de ces derniers a pourtant été relativement marquée par une pratique axée sur les intérêts spécifiques de la communauté maghrébine qui a permis nombre d'entre eux d'être élus.

À partir de cette observation, notre question de recherche a été définie comme suit : « Quelles stratégies les élus belges d'origine maghrébine ont-ils mobilisé dans leur campagne électorale pour obtenir des voix aux élections régionales bruxelloises de juin 2004 ? »

Pour pouvoir y répondre, nous avons interrogé tous les députés régionaux bruxellois d'origine maghrébine. Notre objectif était de pouvoir décrypter les logiques électorales, de mesurer les effets et d'expliquer leur succès lors des élections de juin 2004.

Fondamentalement, nous voulions savoir s'il existait des stratégies particulières de mobilisation électorale, spécifiques à la communauté d'origine maghrébine. Nous avons donc posé comme hypothèse la proposition suivante : les élus d'origine maghrébine s'appuient sur des réseaux ethniques pour mobiliser des voix.

Pour mesurer l'influence de l'ethnicité, nous avons choisi la campagne électorale car elle permet d'illustrer l'utilisation des différents types de réseaux où les personnes relais mobilisent l'électorat pour soutenir un candidat.

Avec cette recherche qui a permis de vérifier l'hypothèse de travail et de répondre à la question de départ, il ressort de notre enquête que les élus bruxellois d'origine maghrébine s'appuient réellement sur des réseaux ethniques pour mobiliser des voix mais à des degrés divers. En d'autres termes, nous confirmons notre hypothèse tout en y ajoutant une nuance : les candidats ne mobilisent pas les réseaux ethniques de la même façon, et il ne faut pas surestimer le rôle joué par les différentes variables du réseau ethnique. En effet, ils sont peu organisés et on ne peut donc pas leur attribuer l'exclusivité de l'explication du succès électoral des candidats. De même, nous avons remarqué l'absence de véritable stratégie bien définie, tant de la part des candidats que des électeurs d'origine maghrébine. Ces constatations démontrent l'absence de stratégie commune à caractère ethnique. De plus, le rapport à l'ethnicité des candidats d'origine maghrébine a, indubitablement, influencé la manière dont ces derniers ont fait campagne.

Le rapport à l'universel et au particulier, le rapport au pays d'origine et le rapport à la religion ont été les indices qui ont permis d'évaluer le degré d'ethnicité des élus interrogés. Nous avons en effet constaté qu'une corrélation pouvait être établie entre la manière de faire campagne et l'ancrage communautaire. En réalité, le caractère ethnique a imprégné tous les moyens développés par le marketing politique mais aussi le réseau qualifié de classique.

Les résultats de notre enquête proposent une version différente de l'hypothèse de départ car en réalité, les élus bruxellois d'origine maghrébine s'appuient sur des réseaux ethniques certes mais c'est sur le facteur ethnique, considéré comme une ressource politique en terme électoral que réside la principale réponse de la question de départ. Au fond, c'est l'ancrage communautaire qui va déterminer les stratégies électorales.

Ce constat nous permet d'élaborer une proposition de catégorisation dégageant trois types de campagne électorale pour les candidats d'origine maghrébine.

1. L'électoralisme différentialiste

Les candidats mènent une campagne électorale caractérisée par une ethnicité fort marquée : la distinction entre le « eux » et le « nous » est accentuée dans le discours ; le rapport au pays d'origine s'illustre à travers leur engagement dans certaines questions politiques ou événement du pays ; le rapport au religieux est prononcé par une certaine pratique cultuelle ; et ces candidats visent avant tout les quartiers maghrébins pour faire campagne. L'objectif de cette catégorie est de s'attirer la sympathie et les voix de la communauté d'origine ou de foi auquel appartient le candidat. Ce type de campagne concerne moins d'un tiers des élus belges d'origine maghrébine interrogé.

2. L'électoralisme universalo-communautariste

Les candidats mènent une campagne électorale caractérisée par une ethnicité marquée mais aussi par une volonté affichée de sortir du carcan communautaire : ils se définissent comme des citoyens belges tout en clamant garder leur spécificité ; le rapport au pays d'origine est réel mais dans une moindre mesure que les premiers; le religieux est à peine évoqué et les quartiers populaires, sans être spécialement maghrébins, sont les principaux lieux de campagne. Ces candidats s'inscrivent clairement dans le registre de l'universel mais avec une sensibilité particulière liée à leur communauté d'origine. Cette catégorie semble intéressante car elle répond quelque part au défi qui se pose à nombre d'élus d'origine étrangère. Ces élus avancent sur des questions de l'ordre de l'intérêt général, tout en gardant leur spécificité. La cohérence entre le discours et les faits se fait donc ressentir. C'est certainement dans cette catégorie qu'on pourrait trouver les personnes qui ont réussi le pari de la « synthèse universalo-communautariste » (M. Martiniello, 1998a, pp. 144-145) dans le sens où la prise en compte de certains domaines qui touchent à la communauté maghrébine n'est pas motivée par une démarche particulariste mais va dans le sens de l'intérêt général. Ce type de campagne concerne plus d'un tiers des élus belges d'origine maghrébine.

3. L'électoralisme assimilationniste

Les candidats mènent une campagne caractérisée par une ethnicité présente mais dans une moindre mesure. Paradoxalement, ils se caractérisent aussi par une volonté claire de se démarquer de leur communauté d'origine par la distance qu'ils développent par rapport au pays d'origine et leur rapport au religieux. Ils clament leur laïcité et développent un discours orienté vers les intérêts exclusivement universels. En affirmant une distanciation avec la sphère culturelle et religieuse, l'objectif dans cette catégorie est d'intéresser les voix progressistes et laïques. Ce type de campagne concerne un tiers des élus belges d'origine maghrébine.

C'est dans la première et la dernière catégorie que l'incohérence entre les faits et les discours est la plus marquée. Au fond, c'est tout le conflit entre les modèles différentialiste et universaliste qui est au cœur de l'élaboration des stratégies électorales des candidats d'origine maghrébine.

Finalement, la question fondamentale aujourd'hui n'est pas de se demander si, dans les années à venir, il y aura davantage d'élus d'origine étrangère dans les institutions politiques mais plutôt d'étudier le rapport de ces derniers à l'ethnicité. Dans le contexte d'une société multiculturelle, cette question a autant d'importance qu'elle devra relever le défi du vivre ensemble et de la prise en compte d'une pluralité d'identités.

D'autres questions restent ouvertes : assiste-t-on à une tendance à la désethnicisation ? Seule une étude longitudinale permettrait d'y répondre. Relever le défi, d'être représentant du peuple belge de manière générale et d'accorder une attention particulière à sa communauté d'origine est-ce compatible et approuvable ?

Fondamentalement, l'idéal ne serait-il pas de trouver un modèle alternatif prenant sa source dans ces deux logiques : affirmer les principes universels en les articulant avec ses spécificités culturelles ? Ce serait peut-être l'une des meilleures réponses qu'on pourrait proposer aux personnes atteintes de « schizophrénie politique ».

BIBLIOGRAPHIE

Ouvrages

ALBOUY S., *Marketing et communication politique,* Paris, L'Harmattan, 1994.

BAROU J., « Citoyenneté et intégration, participation individuelle ou repli communautaire ? », *in* BLANC M. *et al., Immigrés en Europe : le défi citoyen,* Paris, L'Harmattan, 1996.

BASTENIER A., TARGOSZ P., *Les organisations syndicales et l'immigration en Europe,* Louvain-la-Neuve, Academia, 1992.

BASTENIER A., DASSETTO F., *Immigration et espace public. La controverse de l'intégration,* Paris, L'Harmattan, 1993.

BLAISE P., MARTENS A., *Des immigrés à intégrer : choix politiques et modalités institutionnels,* Bruxelles, CRISP, 1992.

BOBIN J.-P., *Le marketing politique : vendre l'homme et l'idée,* Toulouse, Milan Midia, 1988.

BONGRAND M., *Le marketing politique,* Paris, PUF, coll. « Que sais-je ? », 1993.

BOUAMAMA S., *La citoyenneté dans tous ses états,* Paris, L'Harmattan, 1992.

BOUDON R., *La Logique du social,* Paris, Hachette, 1979.

BOURDIEU P., « Le sociologue en question », *Questions de sociologie*, Paris, Minuit, 1984, pp. 37-66.

BOURDIEU P., *Réponses*, Paris, Seuil, 1992.

BOUSETTA H., « Politiques post-immigration et mobilisation des Marocains dans quatre villes européennes », *in* ARNAUD L. (dir.), *Les minorités ethniques dans l'Union européenne. Politiques, mobilisations, identités*, Paris, La Découverte, 2005, pp. 185-207.

CESARI J., *Musulmans et Républicains. Les jeunes, l'islam et la France*, Bruxelles, Complexe, 1998.

CHARLOT M., *La persuasion politique*, Paris, Armand Colin, 1970.

COTTERET J.-M., *Gouverner, c'est paraître*, Paris, PUF, 1991.

DASSETTO F., *Migrations, société, et politiques. Belgique, Europe et les nouveaux défis*, Louvain-la-Neuve, Academia-Bruylant, 2001.

DASSETTO F., TRIVELIN B., BAJOIT G., *Élites urbaines, le cas de trois villes belges : Wavre, Verviers et Lier*, Louvain-la-Neuve, Academia-Bruylant, 2003.

DE BIOLLEY O., *La vie politique des communes bruxelloises et l'immigration. L'argument « immigré » dans les campagnes des élections communales de 1970 à 1988*, Louvain-la-Neuve, Academia, 1994.

DEGENNE A., FORSÉ M., *Les réseaux sociaux. Une approche structurale en sociologie*, Paris, Armand Colin, 1994.

DELWIT P., DE WAELE J.-M., *Les partis politiques en Belgique*, Bruxelles, Éditions de l'Université de Bruxelles, 1996.

EMAGNA M., « Citoyenneté, démocratie locale et participation politique des populations d'origine étrangère en Belgique », *in* CHEVALLIER J., DELEMOTTE B., *Étranger et citoyen. Les immigrés et la démocratie locale*, Paris, L'Harmattan 1996, pp. 145-170.

FELD S., MANÇO A., *L'intégration des jeunes d'origine étrangère dans une société en mutation : l'insertion scolaire, socioculturelle et profes-*

sionnelle en Belgique francophone, Paris, L'Harmattan, coll. « Logiques sociales », 2000.

FORSÉ M., « Les relations sociales comme ressources », *in* CABIN P., DORTIER J.-F. (dir.), *La sociologie, Histoire et idées,* Paris, Éditions Sciences Humaines, Paris, 2000.

GARBAYE R., « Gouvernance urbaine, minorités ethniques et identités locales à Birmingham, Lille et Roubaix », *in* ARNAUD L. (dir.), *Les minorités ethniques dans l'Union européenne. Politiques, mobilisations, identités,* Paris, La Découverte, 2005, pp. 165-183.

GAUDIER J.-P., HERMANS Ph., *Des belges marocains, Parler à l'immigré, Parler de l'immigré,* Bruxelles, De Boeck, 1991.

GEISSER V., *Ethnicité Républicaine. Les élites d'origine maghrébine dans le système politique français,* Paris, Presses de Sciences Po, 1997.

GERSTLE J., *La communication politique,* Paris, PUF, coll. « Que sais-je ? », 1992.

GOSSELIN G., LAVAUD J.-P., *Ethnicité et mobilisations sociales,* Paris, L'Harmattan, coll. « Logiques Sociales », 2001.

GRAWITZ M., *Méthodes des sciences sociales,* Paris, Dalloz, 11e éd., 2001.

GUELAMINE F., *Intervenir auprès des populations immigrées,* Paris, Dunod, 2000.

HAVELANGE P., *La révolution inaperçue. De l'immigration à l'intégration,* Bruxelles, La Longue Vue, 1992.

IHL O., *Le vote,* Paris, Montchrestien, coll. « Clefs Politiques », 2000.

KAGNE B., « Immigration, stratégies identitaires et mobilisations politiques des Africains en Belgique », *in* GOSSELIN G., LAVAUD J.-P., *Ethnicité et mobilisations sociales,* Paris, L'Harmattan, coll. « Logiques Sociales », 2001, pp. 207-243.

KYMLICKA W., *La citoyenneté multiculturelle. Une théorie libérale du droit des minorités,* Paris, La Découverte, 2001.

JACOBS D., BOUSETTA H., REA A., MARTINIELLO M., SWYNGEDOUW M., *Qui sont les candidats aux élections bruxelloises ? Le profil des candidats à l'élection au parlement de la Région de Bruxelles-Capitale du 13 juin 2004*, Louvain-la-Neuve, Academia-Bruylant, 2006.

LAAROUSSI M., *Le familial au cœur de l'immigration, les stratégies de citoyenneté des familles immigrantes au Québec et en France*, Paris, L'Harmattan, coll. « Espaces interculturels », 2001.

LAMBERT P.-Y., *La participation politique des allochtones en Belgique*, Louvain-la-Neuve, Academia-Bruylant, 1999.

LAPEYRONNIE D., *L'individu et les minorités. La France et la Grande-Bretagne face à leurs immigrés*, Paris, PUF, 1993.

LARBI T., « Réseaux féminins dans l'immigration maghrébine : régulations pratiques et rôle symbolique », *Maghrébins en France, émigrés ou immigrés ?*, Paris, Éditions du CNRS, 1983.

LECOMTE J.-P., *Sociologie Politique*, Paris, Gualino, 2005.

LEMIEUX V., *Les réseaux d'acteurs sociaux*, Paris, PUF, 1999.

LINDON D., *Le marketing politique*, Paris, Dalloz, 1986.

MAAREK Ph. J., *Communication et marketing de l'homme politique*, Paris, Litec, 2001.

MANGOT T., « Insertion sociale et expression culturelle. La politique de la Communauté française », *in* COENEN M.-T., LEWIN R. (dir.), *La Belgique et ses immigrés : les politiques manquées*, Bruxelles, De Boeck, 1997, pp. 189-202.

MARTINIELLO M., *Leadership et pouvoir dans les communautés d'origine immigrées*, Paris, L'Harmattan, coll. « CIEMI », 1992.

MARTINIELLO M., *L'ethnicité dans les sciences sociales contemporaines*, Paris, PUF, coll. « Que sais-je ? », n° 2997, 1995a.

MARTINIELLO M., « Quelle participation ? », *in* COENEN M.-T., LEWIN R. (dir.), *La Belgique et ses immigrés : les politiques manquées,* Bruxelles, De Boeck, 1997, pp. 101-119.

MAYER N. (dir.), *Les modèles explicatifs du vote,* Paris, L'Harmattan, coll. « Logiques politiques », 1997.

MEISTER A., *Vers une sociologie des associations,* Paris, Les Éditions Ouvrières, 1972.

MERCKLÉ P., *Sociologie des réseaux sociaux,* Paris, La Découverte, coll. « Repères », 2004.

NOIR M., *Réussir une campagne électorale : suivre l'exemple américain?,* Paris, Les Éditions d'Organisation, 1977.

OUALI N., « Le mouvement associatif marocain de Belgique. Quelques repères », *in* OUALI N. (dir.), *Trajectoires et dynamiques migratoires de l'immigration marocaine de Belgique,* Louvain-la-Neuve, Academia-Bruylant, coll. « Carrefours », 2004.

PARTHOENS C., MANCO A., *De Zola à Atatürk : un « village musulman » en Wallonie,* Paris, L'Harmattan, 2005.

PASSARIS S., RAFFI G., *Les associations,* Paris, La Découverte, 1984.

PONCELET M., MARTINIELLO M. (dir.), *Migrations et minorités ethniques dans l'espace européen,* Bruxelles, De Boeck, 1993.

POUTIGNAT P., STREIFF-FENART J., *Théories de l'ethnicité,* Paris, PUF, 1995.

QUIVY R., VAN CAMPENHOUDT L., *Manuel de recherches en sciences sociales,* Paris, Dunod, 1995.

REA A., *Jeunes immigrés dans la cité. Citoyenneté locale et politique publique,* Bruxelles, De Boeck, 2001.

SANTELLI E., *La mobilité sociale dans l'immigration, itinéraires de réussite des enfants d'origine algérienne,* Toulouse, Presses Universitaires du Mirail, 2001.

THOVERON G., *La marchandisation de la politique. Du débat à la communication*, Bruxelles, Labor, 2003.

WIEVIORKA M., *La France raciste*, Paris, Seuil, 1992.

WIEVIORKA M. (dir.), *Une Société fragmentée ? Le multiculturalisme en débat*, Paris, La Découverte, 1996.

WIHTOL DE WENDEN C., *Les immigrés dans la cité : la représentation des immigrés dans la vie publique*, Paris, La Documentation Française, 2001.

Articles de revues

ARRIJS O., « Les associations et la politique », *Traverses*, n° 121, mai 1997, pp. 3-5.

BEN SALAH H., « Taxi », *Nouvelle Tribune*, n° 4, septembre 2004, pp. 46-47.

BOURAS F., « La fréquence arabe », *Tribune Immigrée*, n° 20, octobre 1986, pp. 13-18.

BOURDIEU P., « Le capital social : notes provisoires », *Actes de la Recherche en Sciences Sociales*, n° 31, 1980, pp. 2-3.

BOUSETTA H., « Le paradoxe anversois. Entre racisme politique et ouverture multiculturelle », *Revue Européenne des Migrations Internationales*, vol. 14, n° 2, 1998, pp. 151-172.

BOUSETTA H., « Theories of Immigrant Ethnic Mobilisation : Relevance and Limitations », *Journal of Ethnic and Migrations Studies*, vol. 16, n° 2, avril 2000, pp. 229-245.

BOUSETTA H., MARTINIELLO M., « Marocains de Belgique : du travailleur immigré au citoyen transnational », *Hommes & Migrations*, n° 1242, mars-avril 2003, pp. 94-106.

CADAT B.-Y., FENNEMA M., « Les hommes politiques issus de l'immigration à Amsterdam : image de soi, image des autres », *Revue Européenne des Migrations Internationales*, vol. 14, n° 2, 1998, pp. 97-121.

CAROUX F., « La démocratie par l'association », *Esprit,* n° 18, juin 1978, pp. 3-12.

FENNEMA M., BERGER M., VAN HEELSUM A., TILLIE J., WOLFF R., « L'intégration politique des minorités ethniques aux Pays-Bas », *Migrations Société,* n° 77, septembre 2001, pp. 109-130.

GEISSER V., KELFAOUI S., « Tabous et enjeux autour de l'ethnicité maghrébine dans le système politique français », *Revue Internationale des Migrations Internationales,* vol. 14, n° 2, 1998, pp. 19-32.

GEISSER V., KELFAOUI S., « Marseille 2001, la communauté réinventée par les politiques », *Migrations Société,* vol. 13, n° 77, septembre-octobre 2001, pp. 55-77.

HAMMOUCHE A., « Des amicales d'hier aux associations de quartier d'aujourd'hui. Un essai de typologie », *Hommes & Migrations,* n° 1229, janvier-février 2001, pp. 41-53.

HILY M.-A., POUTIGNAT P., « La famille maghrébine entre visibilité et invisibilité : variations selon les contextes locaux », *Revue Européenne des Migrations Internationales,* vol. 14, n° 3, 1998, pp. 7-26.

HILY M.-A., BERTHOMIERE W., « La notion de "réseaux sociaux" en migration », *Hommes & Migrations,* n° 1250, juillet-août 2004, pp. 6-12.

JACOBS D., MARTINIELLO M., REA A., « Changing Patterns of Political Participation of Citizens of Immigrant Origin in the Brussels Capital Region : The October 2000 Elections », *Journal of International Migration and Integration,* vol. 3, n° 2, 2002, pp. 201-221.

JACOBS D., REA A., « Construction et importation des classements ethniques. Allochtones et immigrés aux Pays-Bas et en Belgique », *Revue Européenne des Migrations Internationales,* vol. 21, n° 2, 2005, pp. 35-59.

LABELLE M., THERRIEN M., LEVY J., « Le discours des leaders d'associations ethniques à Montréal », *Revue Européenne des Migrations Internationales,* vol. 10, n° 2, 1994, pp. 119-139.

LAMBERT P.-Y., « Candidats et élus d'origine extracommunautaire aux élections européennes, communales, régionales et législatives de 1994 et 1995 en Région bruxelloise », *L'Année Sociale 1995*, 1996a, pp. 267-290.

LAMBERT P.-Y., « Une élite politique en formation », *Nouvelle Tribune*, n° 11, juin 1996b, pp. 28-31.

LAMBERT P.-Y., « Élections communales : une percée spectaculaire à Bruxelles et en Flandre », *Nouvelle Tribune*, n° 25, décembre 2000, pp. 8-11.

LAMBERT P.-Y., « Les Belges d'origine étrangère en politique », *Migrations Société*, vol. 13, n° 77, septembre-octobre 2001, pp. 31-40.

LAMBERT P.-Y., « Carnet de campagnes », *Agenda Interculturel*, n° 2, 25 septembre 2004, pp. 19-21.

MA MUNG E., GUILLON M., « Les commerçants étrangers dans l'agglomération parisienne », *Revue Européenne des Migrations Internationales*, vol. 2, n° 3, décembre 1986, pp. 105-130.

MARTINIELLO M., « L'ethnicité et ses enjeux », *Agenda Interculturel*, n° 139, décembre 1995b, pp. 4-6.

MARTINIELLO M., « Le mouvement associatif des immigrés d'hier et d'aujourd'hui », *Nouvelle Tribune*, n° 9, décembre 1995c, pp. 43-44.

MARTINIELLO M., « L'utilisation de la notion d'élite dans le débat sur les populations issues de l'immigration », *Nouvelle Tribune*, n° 11, juin 1996, pp. 26-27.

MARTINIELLO M., « Les élus d'origine étrangère à Bruxelles : une nouvelle étape de la participation politique des populations d'origine immigrée », *Revue Européenne des Migrations Internationales*, vol. 14, n° 2, 1998a, pp. 123-149.

MARTINIELLO M., « Les immigrés et les minorités ethniques dans les institutions politiques : ethnicisation des systèmes politiques européens ou renforcement de la démocratie ? », *Revue Européenne des Migrations Internationales*, vol. 14, n° 2, 1998b, pp. 9-17.

MARTINIELLO M., « Élus d'origine immigrée : Bilan et perspectives », *Agenda Interculturel,* n° 176, septembre 1999, pp. 22-26.

MARTINIELLO M., « Une citoyenneté multiculturelle à Bruxelles ? », *Agenda Interculturel,* n° 196, septembre 2001, pp. 4-7.

MILES R., PHYZACLEA A., « Class, Race, Ethnicity and Political Action », *Political Studies,* vol. 25, n° 4, 1977, pp. 491-507.

MILLET J., « Les immigrés dans la campagne », *Nouvelle Tribune,* n° 4, septembre 1994, pp. 6-8.

MOSER F., « Fausses ASBL. La chasse est ouverte », *Trends Tendance,* 23 mai 2003.

PECOUD A., « Réseaux, ethnicité et institutions dans les économies immigrées », *Hommes & Migrations,* n° 1250, juillet-août 2004, pp. 13-23.

RATH J., « La participation des immigrés aux élections locales aux Pays-Bas », *Revue Européenne des Migrations Internationales,* vol. 4, n° 3, 1988, pp. 23-36.

REA A., CARLIER J.-Y., « Les étrangers en Belgique », *Dossier du CRISP,* 2001, 44 p.

SAIDI F., « Interview de Mohamed Daïf », *Nouvelle Tribune,* n° 19, mars 1999, pp. 74-75.

SI M'HAMMED A., « Quelle fréquence arabe », *Agenda Interculturel,* nos 110-111, janvier-février 1993, pp. 36-38.

SI M'HAMMED A., « Nouveaux élus d'origine marocaine : leaders de leur communauté ? », *Agenda Interculturel,* n° 143, avril 1996, pp. 22-25.

SI M'HAMMED A., « La trajectoire associative de l'immigration maghrébine », *Agenda Interculturel,* n° 165, juin 1998, pp. 26-27.

SI M'HAMMED A., « Élus d'origine étrangère : élus pour qui ? », *Agenda Interculturel,* n° 186, septembre 2000, pp. 20-21.

TILLIE J., « Explaining Migrant Voting Behaviour in the Netherlands. Combining the Electoral Research and Ethnic Studies Perspective », *Revue Européenne des Migrations Internationales*, vol. 14, n° 2, 1998, pp. 71-95.

WIHTOL DE WENDEN C., VUDDAMALAY V., « Existe-t-il des métiers ethniques ? », *Revue Panoramiques*, n° 65, 4e trimestre 2003, 224 p.

Articles de presse

« Le lettrage de voitures : la nouvelle mode », *La Capitale*, 11 juin 2004, p. 7.

« Les sites internet des partis modifient le vote », *La Libre Belgique*, 8 juin 2004, p. 4.

« Régionales du 13 juin : toutes les listes », *Le Soir*, 26 mai 2004, pp. 20-21.

« Souad Razzouk : "Pas si évident de faire une campagne" », *La Capitale*, 16 juin 2004, p. 4.

BEAUDELOT M., « Les "nouveaux" Belges en masse au PS », *La Capitale*, 15 juin 2004, p. 11.

BOURTON W., « Les musulmans ont largement voté PS », *Le Soir*, 2 juillet 2004, p. 4.

COPPI D., « Carnet de crise. La nouvelle vague belge », *Le Soir*, 3-4 juillet 2004, p. 3.

HOVINE A., « Le PS marque des points multiculturels », *La Libre Belgique*, 16 juin 2004, p. 7.

LA RÉDACTION BRUXELLOISE, « Résultats et commentaires canton par canton », *Le Soir*, 15 juin 2004, p. 10.

LEPRINCE P., « Bruxelles, terre de campagne. Sans gadgets, strass ou paillettes », *Le Soir*, 25 mai 2004, p. 21.

LEPRINCE P., « Le CDH fait son marché », *Le Soir*, 28 mai 2004, p. 23.

LEPRINCE P., « Pour le MR, tapez 3699 », *Le Soir*, 26 mai 2004, p. 22.

VAES B., « Fadila Laanan : ouvrir à tous l'accès à la culture », *Le Soir,* 20-21 juillet 2006.

VANDEMEULEBROUCKE M., « La diversité culturelle cartonne en Belgique », *Le Soir,* 15 juin 2004, p. 4.

VOOGT F., « Affiche en pagaille dans les vitrines. Ces commerces qui souvent s'y collent », *Le Soir,* 29-30-31 mai 2004, p. 27.

Actes de colloques et publications

BUCOLO E., « Capital social, pour un regard critique », *Le capital social, actes du colloque organisé par le GRIS,* Université de Rouen, 6 février 2000.

DEGENNE A., « Mise en œuvre empirique de la notion de capital social : Définitions et exemples », *Le capital social, actes du colloque organisé par le GRIS,* Université de Rouen, 6 février 2000.

JACOBS D., SWYNGEDOUW M., « La vie associative marocaine et turque dans la Région de Bruxelles-Capitale », *in* KHADER B., MARTINIELLO M., REA A., TIMMERMAN C., *Penser l'immigration et l'intégration autrement. Une initiative belge inter-universitaire,* Bruxelles, Bruylant, 2006, pp. 135-158.

LALLEMANT M., « Capital social et théorie sociologique », *Le capital social, actes du colloque organisé par le GRIS,* Université de Rouen, 6 février 2000.

LEVEBVRE R., « la proximité, un nouveau capital social au chevet de la démocratie ? », *Le capital social, actes du colloque organisé par le GRIS,* Université de Rouen, 6 février 2000.

MANCO A. (dir.), *La vie associative des populations étrangères et d'origine étrangère en Wallonie et à Bruxelles : rapports aux pouvoirs,* Liège, IRFAM, 2002.

OCDE, *Du bien-être des nations, le rôle du capital humain et social,* Paris, OCDE, 2001.

REA A., Ben Mohammed N., « Politique multiculturelle et modes de citoyenneté à Bruxelles », *rapport final d'une recherche effectuée à la demande de la Région de Bruxelles-Capitale,* novembre 2000, http://www.ulb.ac.be/socio/germe

Sites internet

http://elections2004.belgium.be/fr/

http://www.cbai.be

http://www.elections.fgov.be

http://www.irfam.org

http://www.parlbru.irisnet.be

http://www.suffrage-universel.be

http://www.ulb.ac.be/socio/germe

http://www.wafin.be